혼자서 공부하는

마케팅 MBA 바이블

윤정근

지식공감

　마케팅을 잘하려면 어떻게 해야 할까? 우리는 이 질문에 대한 답을 얻기 위해 그동안 끊임없이 노력해왔다. 마케팅을 오랫동안 학습한 전문가들도 마케팅의 성공을 쉽게 장담하지는 못한다. 시중에 나와 있는 수많은 마케팅의 원리와 법칙들은 마케팅의 지식을 넓혀 주는 역할을 하고 있지만 실제로 마케팅의 본질에 대한 이해는 부족한 편이다.

　마케팅을 잘하려면 우선은 마케팅의 성격부터 이해해야 한다. 마케팅은 기본적으로 고객의 관점에서 보고 실천하는 과정이다. 그래서 이론으로는 쉽게 이해가 되더라도 직접 실행하려면 무척이나 어려워하는 분야가 마케팅이다.

　마케팅은 전문용어부터 너무 많고 활용 기법들도 매우 다양하기 때문에 지속적인 학습이 필요한 분야다. 그러나 공부할 수 있는 이론서나 정보들이 많아도 자신감 있게 마케팅에 대해서 이야기하지는 못한다. 왜 그럴까?

　정답은 단순하다. 마케팅은 현장에서 답이 있기 때문이다. 직접 현장을 경험하지 않으면 절대로 느낄 수 없는 분야가 마케팅이다.

　그래서 필자는 그간 현장에서 마케팅을 경험하면서 느꼈던 것들에 대해서 어려운 마케팅 이론을 쉽게 해석할 수 있으면 좋겠다는 생각을 해왔었다.

　이 책은 마케팅 전공자나 마케팅을 처음 접하는 사람들에게 유용한 책이 되도록 그동안 이론으로만 느꼈던 마케팅에 대해서 현장과 연계해서 알기 쉽게 전달하려고 노력했다.

사실, 마케팅은 받는 것이 아니라 주는 것이 때문에 무척이나 어려운 분야다. '갑'과 '을'의 관계에서 철저하게 '을'의 역할을 해야 하는 분야가 바로 마케팅이기 때문이다. 흔히 어른들은 남들과 거래를 할 때 '주고받다'라는 표현을 쓴다. 이 말이 뜻하는 것은 무엇일까? 그것은 무엇이든 얻으려면 먼저 준 다음에 후에 받으라는 뜻이다.

고객에게 무엇인가 주어야 한다는 기본적인 사고를 갖지 못하면 당신이 MBA를 졸업했거나 마케팅을 새롭게 배우려고 해도 이 분야에서 만큼은 전문가로 인정받기가 어렵다.

누군가에게 호감을 사려면 선물을 주어야 하고, 누군가에게 인정받으려면 성과를 먼저 보여줘야 한다. 즉, 마케팅은 철저하게 상대방에게 주는 입장에서 만족시켜주는 행위라는 점을 잊지 말아야 한다.

이런 기본적인 생각과 사고 없이 마케팅을 한다는 것은 불가능하다. 마케팅은 지식을 많이 안다고 해서 잘하는 것이 절대로 아니다. 마케팅을 잘하려면 고객 입장에서 어떤 것을 주어야 할지를 늘 고민해야 한다. 그래서 관료적이거나 권위적인 사람들은 아무리 마케팅 지식이 훌륭하다고 해도 좋은 평가를 받기가 어렵다. 그래서 우선적으로 마케팅을 잘하려면 수평적인 사고와 서비스 마인드가 무엇보다 중요하다.

마케팅을 공부하는 사람들이 가장 먼저 이해해야 할 부분이 바로 마케팅의 고객관점인 것이다. 흔히 마케팅을 공부하는 사람들은 고객입장에서 해석하지 못하는 오류에 빠지곤 한다. 자신의 기준에서 판단하고 계획을 세우기 때문이다. 그러나 마케팅 고수들은 철저하게 고객 입장에서 해석하고 고객의 가치를 제공하기 위해서 뛰어다닌다. 마케팅은 이론을 공부해서 이론으로 그치는 경우가 태반이다. 고객지향적인 사고로 확실하게 바꿔야만 마케팅을 제대로 배웠다고 할 수가 있다.

한 요리사가 요리법을 학습해서 수백 가지 맛있는 음식을 요리할 수 있는 능력이 있다고 가정해 보자. 기술도 있고, 맛도 있고, 인간성도 좋다고 내부에서는 칭찬 일색일 것이다. 그런데 이렇게 능력이 출중하더라도 정작 고객은 맛이 없다고 평가를 한다면 훌륭함은 한순간에 무능함으로 바뀔 수 있다.

누구든 먹고사는 고민을 해보지 않았다면 마케팅을 진정으로 이해하기란 어렵다. 어려움을 피부로 느끼지 못하면 아무리 이론으로 무장해도 와 닿지가 않는다. 최근 많은 기업들이 고민하는 분야가 판로다. 그만큼 판로는 기업경영에서 핵심이 되는 부분이다. 아무리 질 좋고 기능이 좋은 제품을 개발해도 판매가 되지 않으면 무용지물이기 때문이다.

잘 파는 것이 잘 만드는 것보다 중요한 시대가 되었다. 그만큼 고객의 욕구는 다양해지고 글로벌화 되면서 판매에 대한 전략이 경영에서는 가장 중요한 키워드로 떠오르고 있다. 이제 마케팅은 개인을 위해서도 필수적으로 배워나가야 할 분야다. 100세 시대에 마케팅은 이제 특정한 사람만을 위한 것이 아니기 때문이다.

지식이 풍부한 사람들은 주변에 얼마든지 많다. 그러나 지혜로운 사람은 남의 지식을 알기 쉽게 전달해 주려는 사람들이다. 이 책을 통해서 많은 사람들에게 마케팅을 효과적으로 할 수 있는 지혜로운 사람들이 되기를 진심으로 바란다.

혼자서 공부하는
마케팅
MBA
바이블

| 차례

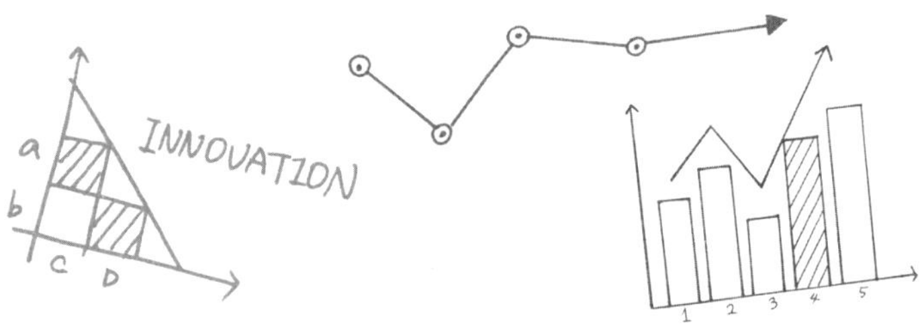
INNOVATION

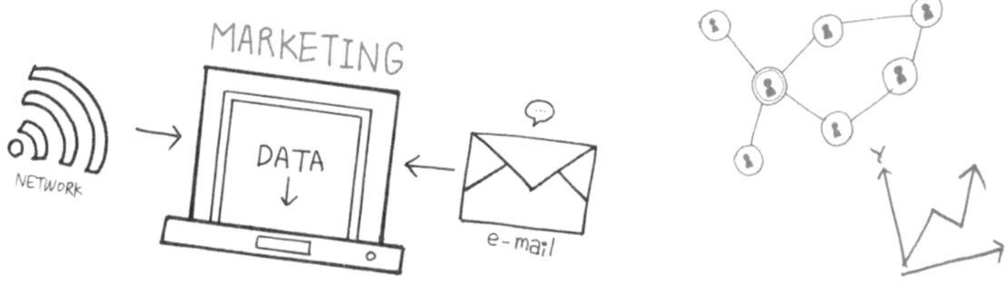
MARKETING
NETWORK
DATA
e-mail

Part 1

당신은
최고의 마케터가
될 수 있다

전략가적 사고는 마케팅의 **핵심**이다

이 책을 시작하면서 전략에 대한 이야기를 먼저 하려고 한다. 우선, 당신에게 아래와 같은 몇 가지 질문들을 하고 싶다.

1. 우리는 누구이고, 우리 산업은 어떤 테두리를 가지고 있을까?
2. 우리의 사업은 현재 어떤 수익구조를 가지고 있을까?
3. 우리는 5년 뒤, 10년 뒤에 어떠한 사업으로 진입해야 할까?

이러한 질문에 대해서 어떤 대답을 할 수 있는지 생각해 보자. 적어도 위의 질문에 대해서 자신 있게 대답하지 못한다면 전략과 밀접하게 연관된 일을 하지 않거나 사업에 대해서 평소 생각해 본적이 없는 사람일 가능성이 크다.

전략가들은 항상 머릿속에 내가 하는 사업, 내가 가야 될 사업에 대한 명확한 원칙과 철학이 있어야 한다. 그렇지 않다면 아마도 당신이 학습을 통해서 전략을 배운다거나, 마케팅을 배운다는 것은 상당히 비효율적일 수도 있다.

실제로 자신에게 전략적 판단을 해야 될 상황이 다가오지 않고서는 전략과 마케팅에 대해서 이해하기란 쉽지가 않다.

누구나 자신의 영역 내에서 살아남기 위한 전략들을 고민하고 생각하지만 대다수 경영학의 이론들은 이미 완벽히 당신의 고민에 대하여 답을 제시하고 있다.

회사원들이 자주하는 실수 중에 한 가지는 경영학의 이론들을 그럴듯하게 창조한다는 사실이다. 회사에서는 문제점에 대한 의구심과 오차에 대해서 어떻게든지 해결점으로 제시해야 하는 관행이 있기 때문이다. 그러나 대다수 비전공자들은 새로운 이론들에 대해서 창조하려 하지만 대부분 시간 낭비일 뿐이다. 경영학(특히 마케팅 영역)에서는 얼마나 자료를 찾고, 활용하고 적용하는지에 대한 관점이 더 중요하다.

시간을 효과적으로 활용한다면 마케팅 영역에서는 새롭게 창조하지 말고 지금의 이론들에 대해서 배우고 적용하려는데 관점을 가져라. 사업화나 마케팅을 잘하는 사람들은 절대로 새로운 이론에 목숨을 걸지 않는다. 실행을 바탕으로 한 다양한 변수들은 시장에서 뜨겁게 반응한다는 사실을 깨달았기 때문이다.

기업의 성공요소에 대해서 고민해 보자. 대다수 기업들은 회계, 재무, 마케팅, 인적관리, 생산 등의 기능들이 있다. 다양한 이론들이 즐비하게 놓여 있고 배우는 범위도 광범위하게 넓다.

그런데 이런 기능에 이론적으로 무장 된 인재들이 일을 한다고 하더라도 기업에서는 성공의 요소로 보기 어렵다. 기업이 가야 될 방향, 어떤 전략으로 가야 될지가 명확하지 않으면 훌륭한 인적자원도 소용이 없기 때문이다.

그래서 기업에서는 어떻게 전략을 운영해야 할지, 어떠한 전략으로 최소의 비용으로 최대의 효과를 거둘지에 대해서만 관심을 가질 뿐이다. 경영의 수없이 많은 이론들을 재창조하고 만들어내는데 시간을 낭비하지 말고 어떤 전략을 실행할 것인가에 대해서 깊숙하게 고민하는 철학자가 오히려 기업에서는 성과를 더 낸다는 사실을 명심하기 바란다.

💲 회사의 마케팅은 누가 시작해야 하는가?

대다수 경영의 기능들은 자신의 영역 내에서 가장 중요한 일이라고 판단한다. 인사에서는 적합한 사람을 뽑지 않으면 회사가 안돌아간다고 생각하고, 생산에서는 제품을 제대로 만드는 것이 가장 중요한 핵심요소로 판단을 한다. 하지만 최고경영자는 여러 가지 기능들을 조화롭게 움직일 수 있도록 관리하고 조정해 나가는 역할을 해나가는 것이 중요하다.

그리고 최고경영자에게 이 보다 더 중요한 것은 어디로 갈 것인가를 결정하는 일이다.

미국에서 유명한 가전제품 회사 메이텍은 1800년대에 사업을 시작할 때 말채찍을 생산하는 회사였다고 한다. 메이텍이 그 당시에 자동차가 나올 것이라는 생각을 못했거나 마차가 인류에서는 사라지지 않을 것이라는 가정을 했다면 오늘날 메이텍은 없었을 것이다. 그 당시 메이텍은 효율성을 위한 설비를 개발했다거나 더 좋은 질 좋은 소재를 사용하기 위해서 노력했거나 말채찍의 최고 전문가들을 회사 내에 포진했더라도 회사발전과는 아무 소용없는 일이 되는 것과 마찬가지다.

최고경영층이 앞으로 나갈 방향에 대해서 결정하지 못하면 결국은 기업경영에서는 이보다 낭비적인 일이 아닐 수가 없다. 최고경영자는 회사의 전략을 만들고 직원들에게 제시해야 한다. 그리고 직원들은 최고경영자의 전략방향을 반드시 따라가야만 한다. 그것이 마케팅의 가장 기본적인 시작점이라고 할 수 있다.

⑤ 마케팅 전략과 전략경영의 차이란 무엇인가?

기업의 다양한 성장전략을 이해하지 못하면 마케팅을 아무리 잘해도 소용이 없다. 전략의 수립, 실행 등의 프로세스는 대부분 마케팅 전략과 일치된다. 우리가 흔히 아는 환경분석, 전략수립, 전략실행, 평가와 통제 등 이러한 프로세스들의 기본은 전략에서부터 출발한다.

사실, 마케팅 전략과 전략경영 차이에서 혼돈이 발생하곤 한다. 마케팅 전략은 기능적인 전략이고 전략경영은 회사의 전체적인 의사결정의 방향을 논하는 것으로 정의 되지만 서로 혼재되어 있는 경우가 많다. 왜냐하면 마케팅 전략에서 회사의 전체적인 경영을 판가름하는 결정도 때때로 이루어지기 때문이다. 이렇듯 분명히 마케팅 전략과 전략경영의 선이 불명확한 부분이 존재하고 있다.

사업의 전략을 다루는 사람들은 명확하게 둘 간의 의미를 이해하고 있어야 한다. 마케팅은 고객에게 제공되는 제품, 신사업 등 고객이 원하는 것을 해결하는 기능을 가진 전략단위이며, 전략경영은 회사의 전체적인 방향과 의사결정의 요소들을 판단하는 역할이라는 점을 이해하면 된다.

마찬가지로 지금까지 수많은 마케팅 저술들의 논점은 전략을 어떻게 세우느냐에 달려 있었다. 전략은 어떤 회사가 될 것인지를 만들어내는 것이고 그 바탕위에 우선순위를 결정하여 자원을 효과적으로 배분하는 의미를 담고 있다. 전략은 회사가 고객들에게 보이는 제품, 서비스, 유통, 경쟁체계 등 수많은 전략단위의 우선순위를 결정하는 과정이다.

💲 회사는 왜 실행하지 못하는 전략들만 나올까?

전략의 성과는 한쪽 부분만 잘한다고 성과가 도출되지 않는다. 마케팅을 잘하려면 반드시 전략적인 융합이 필수적으로 필요하다. 즉, 재무, 영업, 생산, 지원의 전략과 마케팅을 어떻게 결합시켜야 될지를 판단해야 한다. 아무리 마케팅이 훌륭하더라도 다른 기능의 전략과 일치되지 못하면 성과가 나오지 못하는 한계가 있기 때문이다.

하지만 전략은 마케팅에서 매우 유쾌하지는 않다. 계획만 세우고 실행이 되지 못하는 경우가 대부분이기 때문이다. 특히 쇠퇴하는 기업들은 대부분 전략을 멋지게 꾸미는데 초점을 맞춘다. 그렇다면 기업에서는 왜 실행하지 못하는 전략들을 만들어 낼까? 그것은 회사가 명확하게 직원들에게 책임과 권한을 제시하지 못하기 때문이다. 마케팅은 여타의 조직과는 다른 부분이 있다. 마케팅에서는 전략의 실행에 대한 책임이 뒤따르는 일이다. 그리고 성과에 따른 보상도 확실하게 주어지는 영역이다. 이러한 기본적인 실행과 성과 보상, 책임의 역할이 주어지지 못하면 마케팅을 할 수 있는 환경이 아직 되지 못한다는 것을 기억해라.

그렇게 되면 전략의 계획만 남발되는 현상에서 벗어나지 못할 것이다. 회사의 경영자는 마케팅의 성과를 높이기 위해서는 끊임없이 마케터의 환경에 변화를 주어야 한다.

전략은 미래를 만들어내는 기준이다. 전략은 미래에 어떻게 하겠다는 계획이 수립되어 있다. 이 모든 것들은 미래를 기준으로 판단한다는 것이다. 즉, 미래에 수익이 발생될 수 있는 측면에서 고려되는 것이다. 마찬가지로 마케팅은 미래에 발생되는 고객의 수요와 예측을 토대로 성과를 창출해내는 과정이다. 그렇다보니 불완전한 전략의 계획들이 제대로 실행될 수가 없다.

실제로 시장에서 싸워본 경험이 있는 조직은 실행을 전제로 된 전략을 만들어 내지만 싸움에서 져보거나 진입해 보지 못한 회사들은 거창한 전략을 만들어서 주목을 끌려고 한다.

결과적으로 전략을 제대로 이해해야만 마케팅의 성과는 극대화된다. 전략을 남발하는 현상은 조직 전체에 불완전성을 높인다. 마케팅을 잘하기 위해서는 회사의 전략들이 우선적으로 일치되어야 한다. 내가 아무리 일을 잘한다고 해도 회사가 추구하는 전략 방향과 일치하지 않으면 무용지물이다. 그래서 내가 하는 일의 방향보다도 고객, 회사, 나와 연계된 사람들과 일치된 방향인지를 먼저 파악해야 한다.

마케팅을 아무리 잘하는 조직이 있더라도 회사의 전략방향과 일치가 되지 못하면 실행이 되지 못한다. 바다에서 항해사가 항해를 잘해야만 고기가 많은 곳에 배가 가게 된다. 마케팅은 그물을 어디에 칠 것인지를 판단해서 고기를 잡는 역할을 하는 것이다. 거창한 계획만 세우는 기업은 고기도 잡히지 않는 곳에 가서 온갖 종류의 고기들이 있다고 말하는 것과 같다. 그물을 실제로 던져보지 않고는 어떠한 고기가 있는지 알지 못한다.

전략의 계획만 남발하는 것은 결과적으로 회사에 끼치는 손실이 매우 크다. 계획을 위해서 어찌되건 시간을 투자한 것이기 때문이다. 만약 계획을 위해서 많은 시간투자를 했는데도 결과적으로 효과를 올리지 못하고 있다면 큰 문제점이 아닐 수 없다.

회사에서 전략의 실행을 높일 수 있는 고질적인 문제들을 해결해야만 마케팅에서는 제대로 된 성과가 창출되게 된다는 점을 명심하자.

💲 소비자의 욕구란 무엇인가?

사람은 누구나 욕구가 있다. 욕구가 없다면 아마도 의욕이 없을 것이다. 욕구가 많을 때 인간은 발전하려고 한다. 만약, 내가 하고 싶고, 원하고 싶은 것들이 다 채워져 있다면 인간은 더 이상 새로운 것들에 대해서 생각하려 하지 않을 것이다.

아무리 좋은 제품, 집, 자동차 등을 누군가가 당신에게 공짜로 준다고 해도 욕구가 없다면 무용지물이다. 만약, 당신이 몸이 아프다면 세상의 좋은 것들이 아무리 훌륭해도 눈에 들어올 리가 없다. 이러한 경우에 당장 살고 싶은 욕구 밖에는 없을 것이다.

인간이 생리적으로 원하고 싶고 갖고 싶은 것 자체를 우리는 욕구라고 한다. 그렇다면 인간이 원하는 욕구는 어떻게 만들어지는 것일까?

기본적으로 우리가 생활하면서 욕구들도 증가하게 된다. 그래서 인간의 욕구는 현재 살고 있는 장소나 공간, 문화적인 차이 등에 지배를 받게 된다. 제품이나 서비스를 받고 싶다는 욕구가 생길 때 비로소 수요Demand로 발전하게 된다.

소비자의 욕구는 수요를 창출시킨다. 소비자들의 서로 다른 욕구를 만족시키기 위해서 기업들은 서로 다른 경쟁을 하게 된다.

💲 만족을 한다는 것은 무엇인가?

고객만족, 제품만족, 서비스만족 등 수많은 만족이라는 용어가 우리에게 익숙하게 들리곤 한다. 만족을 한다는 것은 어떤 의미일까? 인간은 흔히 기분이 좋고 내가 원하던 것을 얻었을 때 만족감이 올라간다.

그런데 만족은 어떤 때 느끼게 될까? 만족감은 내가 원하던 것을 얻었을 때나 내가 생각했던 것보다 훨씬 더 수준 높은 것들을 경험할 때 올라간다. 사람들이 판단하고 생각하는 기준에서 상위의 만족감을 느껴야만 만족도가 올라간다는 의미다.

만약에, 친구가 오랜만에 저녁 식사를 사준다고 가정해 보자. 당신은 미리 생각해둔 메뉴가 있을 것이다. 그런데 당신은 고기를 생각했는데 친구는 라면을 사준다면 크게 실망할지도 모른다.

그래서 이런 경우에는 만족이 떨어질 수가 있다. 하지만 반대로 라면을 생각했는데 고기를 사준다면 만족도가 올라갈 것이다. 그리고 그 올라간 차이점을 우리는 가치만족이라고 할 수 있다. 어떤 목적을 위해서 지불하게 되는 비용을 우리는 가치라고 한다.

가치는 고객만족과 동시에 나타나게 된다. 만족도가 낮으면 가치도 낮은 것이고 만족도가 높으면 가치도 높은 것이다. 가치가 높다는 것은 그만큼 내가 생각했던 것들, 기대했던 것들에 비해서 높게 느껴지는 지불 값인 것이다. 가치가 있다는 것은 그만큼 내가 생각하는 그 이상의 무엇을 지불 받았을 때 느껴지는 것이다.

하지만 가치만족은 절대적인 기준이 될 수가 없다. 다른 사람에게는 별것도 아닌 라면이 나에게는 맛있는 한 끼의 식사가 될 수도 있기 때문이다. 그만큼 절대적인 만족의 기준이란 없기 때문에 회사 입장에서는 최소의 마케팅 비용으로 고객만족을 높이는 노력이 매우 중요하다.

그리고 가치를 높이는 노력이 그만큼 어려운 이유는 사람들의 기대수준과 만족수준이 점차 높아지고 있기 때문이다. 고객의 가치를 높이는 것은 엄청난 노력과 기대수준을 높이는 최고의 마케팅 전략이 필요한 것이다.

💲 교환이란 무엇인가?

교환Exchange은 제품에 대한 만족과 가치를 고객이 제공 받게 되면 회사에서는 그에 해당하는 제품을 판매하게 되는 것이다. 고객은 제품으로부터 누리는 혜택을 받으면서 회사는 제품을 판매하면서 고객에게 가치를 제공받는 것이다.

교환에는 두 가지로 구분이 된다. 가치가 들어 있느냐에 따라서 가치교환이라고 하며, 가치가 들어 있지 않는 것은 매매라고 한다.

결국 교환은 가치를 주고받는 개념이다. 가치교환은 제품을 구매하는 고객과 제품을 판매하는 회사 모두가 가치를 느껴야만 한다. 하지만 단순하게 물건을 판매하는 과정은 매매라고 한다. 매매는 시장에서 더 이상 가치가 없기 때문에 지속적이지가 않다. 매매는 단순하게 돈이 오고 가는 거래관계를 의미한다. 그래서 매매는 가치가 포함되어 있지 않다.

교환은 매매가 아닌 소비자가 원하는 것과 회사가 원하는 것이 동시에 발휘되면서 상호 가치가 창출되어야 한다.

💲 시장이란 무엇인가?

시장은 파는 사람과 사는 사람이 만나는 곳이다. 누구나 이런 사실은 알고 있다. 그런데 전통적인 시장의 기능인 제품에 대한 판매, 구매 등을 넘어서 최근의 시장은 홍보와 마케팅이 동시에 발휘되는 창조적 공간으로 확대되고 있다.

쇼핑몰을 가더라도 다양한 제품도 있지만 그곳에서 볼 수 있는 다양한 문화적 시각 등을 느끼게 된다. 시장에서는 물건을 사고팔지만 가치도 사고팔고 있다는 사실이다.

최근에는 인터넷을 통해서 공간을 벗어난 교환을 가능하게 만드는 시장이 활성화되고 있다. 시장은 계속 공간을 뛰어넘어 진화되고 있다.

　시장은 공급자와 수요자가 만나서 제품을 거래하는 공간이다. 표현상으로 우리는 시장을 마켓이라고 한다. 즉, 마케팅은 시장 안에서 이루어지는 모든 행위를 의미한다. 시장 안에는 고객의 가치, 제품, 수요자, 공급자, 고객만족, 거래행위 등 모든 것들이 이루어진다.

　마케팅도 과거에는 시장 안에서 이루어지는 활동으로 생각했지만 이제는 시장 밖에서도 이루어진다. 그만큼 마케팅은 진화하고 있는 것이다. 우리는 흔히 시장만 잡으면 모든 것이 해결된다고 생각한다. 이는 고객이 물건을 사가는 장소로 생각하기 때문이다. 그런데 시장은 눈에 보이지 않는 시장이 더 많다는 사실이다. 이제는 물건을 사고파는 장소가 시장이 아니라 24시간 언제 어디서나 시장이 생겨나기 때문이다.

원가를 낮추면
마케팅에서 반은 승리한다

마케팅은 원가 싸움이다. 원가에서 비용우위가 없으면 마케팅에서는 살아남기가 어렵다. 마케팅을 하는 목적은 제품을 잘 팔기 위해서가 아니다. 제품의 손익을 무시한 채 판매에만 치중한다면 고비용의 마케팅 때문에 살아남기가 어렵게 된다.

요즘은 모든 기업들이 똑같은 마케팅을 펼친다. 좋은 제품을 판매하는 것도 중요하지만 점차 치열해 져가는 시장에서는 똑같은 방법으로 경쟁하면 살아남기가 어렵다.

이제는 기존 시장에서 차별화를 유도할 수 있는 마케팅 원가전략이 선행되고 있다. 기존 시장 장벽을 무너뜨리고 초기에 제품을 확산시킬 수 있는 전략은 비용우위의 전략밖에는 없다.

시장에서는 아무리 뛰어난 제품과 서비스로 승부하더라도 원가전략에 대한 시장진입 전략을 소홀히 해서는 안 된다.

갈치를 잡는 어부들은 잡아온 갈치가 상품성이 있으면 수십만 원까지도 받지만 상품가치가 없는 작은 갈치들은 한 상자에 만 원씩 받고 어묵공장으로 납품을 한다. 그런데 시장에서 갈치를 사먹는 소비자들은 갈치의 가격에 민감한 반응을 나타낸다. 충분히 작은 갈치들도 소비자들에게 판매를 할 수도 있지만 유통할 수 있는 구조가 없기 때문에 값싸게 팔려 나간다.

한 상자에 만 원씩 받고 팔려가는 갈치를 소비자들에게 판매할 수 있는 유통채널을 확보한다면 그것 또한 기존의 유통단계를 뛰어넘는 마케팅 전략이라고 할 수 있다. 더 나가서 공장으로 팔려가는 제품들을 살펴보면 생각보다 좋은 상품들이 저렴하게 판매되는 현상을 볼 수가 있다.

기존 시장은 이미 포화되어 있고 원가 경쟁력을 확보하기에는 무리가 있다. 유통단계를 축소하거나 좋은 원재료를 값싸게 확보하지 못하면 시장에서 밀려나는 것은 한순간이다.

이런 원가 경쟁력 있는 물량을 소비자들에게 직접 저렴한 가격에 판매할 수 있다면 충분한 매출을 확보할 수 있을 것이다.

수요자와 공급자의 관계에서 양쪽에서 팽팽하게 당겨지는 최적의 위치 점을 찾아내는 것이 마케팅 전략의 핵심이다. 시장에서 수요자가 앞서느냐 공급자가 앞서느냐의 따라서 가격이 결정된다.

질 좋은 상품에서 가격의 경쟁력은 그만큼 더 많은 사람들을 확보할 수 있는 경쟁력이 된다. 질 좋은 상품들 중에서 기존의 차별적인 원가경쟁력을 얻을 수 있는 것들에게 관심을 가진다면 충분한 마케팅 전략이 창출될 수가 있다.

그런 현상을 유심히 관찰하고 새로운 시각에서 고객들의 수요를 끌어올 수 있는 전략들을 끊임없이 생각해야만 마케팅의 감각은 살아나게 된다. 교재만 들여다본다고 마케팅을 잘하는 것이 아니다. 현장의 정보가 중요하다고 시장만 늘 다닌다고 해서 마케팅을 잘하는 것도 아니다. 마케팅은 현상을 분석하고 새로운 차별적인 원가 경쟁력을 갖출 수 있는 전략적 사고를 끊임없이 발견하면서 스스로 마케팅의 시야를 넓히는 창조적인 마케터를 필요로 한다.

책을 통해서는 절대로 배울 수 없는 것이 바로 마케팅의 전략적 사고라는 것을 기억하기 바란다.

자료를 분석하지 말고
강한 의심부터 해라

인간이 누리는 욕구를 해결하기 위한 수단에서 마케팅은 진화되어 발전되었다. 원시시대에 인간들은 더 아름답기 위해서 화장하는 방법을 배웠다. 사냥을 쉽게 하기 위해서 사냥도구를 개발했고, 적과의 싸움에서 승리하기 위해서 차별화된 무기늘을 개발하기 시삭하었다.

물론 이 중에서 사람들에게 더 편리하고 만족스러운 제품들이 인기를 모았다. 이처럼 사람들이 찾고 싶고 원하는 것들을 만들기 시작하면서 마케팅이라는 것이 필요했다. 인간은 더 좋은 제품을 개발하면 그만큼의 홍보와 마케팅이 필요하다는 사실은 이미 고대시대부터 터득해 왔었다.

마케팅은 기본적인 목적을 동반한다. 그 목적의식에 따라서 마케팅은 생겨나게 된다. 가령, 좋아하는 사람이 생겼다고 한다면 사귀고자 하는 목적의식이 존재한다.

이 경우 상대방에게 잘 보이려고 노력하는 행위들을 마케팅이라고 한다. 친절하게 대한다든지, 말투를 상냥하게 한다든지, 선물을 사준다든지, 이벤트를 준비한다든지 하는 모든 활동들이 마케팅 활동인 것이다. 이러한 마케팅의 모든 목적은 인간의 기본적인 목적의식에서 출발하는 것이다.

현대에 와서 마케팅을 최초의 학문으로 완성시킨 나라는 미국이다. 마케팅은 세계 공항과 2차 세계대전 이후 제품의 수요가 공급자 중심으로 변화되면서 필요성이 인식되었다.

⑤ 마케팅은 어디에서 시작 되었는가?

1930년대에는 본격적인 자본주의 시대로 접어들게 되면서 다양한 제품들이 쏟아져 나오기 시작했다. 그 이전까지는 제한된 시장에서 필요한 제품만 활성화 되었지만 1930년대에는 생산의 범주가 확대되고 시장이 형성되면서 많은 사람들이 수익에 관심을 갖게 되었다.

대량생산 체계를 통해서 제품의 확산이 이루어졌고 다양한 기능과 성능을 갖춘 제품들이 시장에 나오기 시작했다. 공급이 증가되면서 시장에서는 마케팅의 역할이 필요했다. 그런데 가격은 어떻게 정하고, 이윤을 창출하기 위해서 어떤 제품을 만들어야 되고, 시장을 확대하기 위해서 어떤 판촉을 시도해야 되는지가 의문이었다.

자본주의가 확산되면서 경영학자들은 기업들이 질 높은 제품을 생산하기 시작하면서 수요자 측면에 관심을 갖게 되었고 판매가 중요하기보다는 시장을 형성해 나가는 것이 더 중요하다는 것을 알게 되었다.

마케팅이 학문으로 발전된 계기는 사실 'Why'에서 시작되었다. 시장이 발전되면서 잘 팔리는 제품과 안 팔리는 제품에 대한 원인을 분석하는데 관심을 가지게 되었다. 도대체 "왜 그런 현상이 나타났을까?"를 본격적으로 연구하기 시작한 것이다.

　마케팅은 사람의 마음을 과학적으로 분석하는 기술뿐만 아니라 시장에서 벌어지고 있는 일들에 대해서 인과관계를 명확하게 파악하고 있어야 한다. 어찌 보면 처음 접하기에는 간단해 보일지 모르지만 점차 시장을 알게 되고 경험하게 되면 가장 어렵게 느끼는 학문이 마케팅 분야이다.

　왜냐하면 이해하고 계획하는 것은 배우면 누구나 할 수 있지만 미처 경험해보지 못한 다양한 시장의 현상들에 대해서 과학적으로 구조화 하는 것이 쉽지 않기 때문이다. 그래서 마케팅의 영역은 시장에서 왜 그런 현상이 나타났는지를 과학적으로 분석하는 'Why'의 사고가 대단히 중요한 것이다.

고객은 아주 **단순한** 욕구를 원한다

마케팅은 인간이 기본적으로 갖고 싶은 욕구에서부터 출발한다. 인간이 가지는 기본적인 욕구를 우리는 Needs라고 한다. 아프다거나, 배고프다거나, 예뻐지고 싶다거나, 집을 사고 싶다거나, 편해지고 싶다거나 하는 것들이 바로 기본적인 Needs라고 표현한다. 이런 Needs는 좀 더 구체적인 표현으로 발전하게 되는데 그것을 우리는 Wants라고 부른다. 가령, Wants란 배가 고프다면 중국음식과 한식 중에서 어느 것을 택할 것인지 좀 더 구체적으로 표현하는 것을 의미한다.

그리고 Demand는 Wants보다 더 구체적인 짬뽕, 자장면, 탕수육, 비빔밥, 한정식 등 구체적인 메뉴를 결정하도록 고객들에게 보여줄 수 있는 제품영역을 의미한다.

마케팅에서는 Demand를 잘 개발해야만 고객에게 적합한 제품을 판매할 수가 있다. 하지만 고객은 Demand까지 제시해주지 않는다. 고객은 단지 Needs만을 제시한다. 많은 고객들은 기본적으로 어떠한 것들이 필요하다는 Needs를 제시하면 마케터는 고객들이 원하는 영역과 수요를 창출해야 한다. 그것이 마케팅의 시작이며 고객을 이해하는 기본적인 가치점이 된다.

고객의 Needs를 파악하기 위해서는 다양한 시장조사를 해야 한다. 고객들의 의견을 어떻게든지 빠른 시간 안에 수렴해야 하기 때문이다. 그런데 고객이 말하는 Needs에는 너무도 다양한 의견들이 복합적으로 들어있다. 기본적으로 고객들은 자신들이 원하는 것, 필요한 것, 구체적으로 수요를 창출시켜줄 것을 원하는 것 등 다양한 의견을 제시한다.

중요한 것은 고객들이 말하는 것에 대해서 정확한 Needs를 도출하는 능력이 마케팅에서는 중요하다. 특정 고객들의 말을 믿고 Wants나 Demand를 통해서 제품을 만들게 되는데 이는 기업들 입장에서는 매우 위험한 발상이다.

다수의 고객들에게 Needs를 도출하고 도출된 Needs를 바탕으로 수요를 창출할 수 있는 대안을 제시하는 것이 현명하다. 고객들은 자신들의 Needs를 말할 수는 있지만 반드시 그에 맞는 해결 대안을 가지고 있는 것은 아니기 때문이다. 마케팅에서는 고객이 가지고 있는 기본적인 Needs를 확실하게 찾으려는 노력이 가장 중요하다.

> Needs는 고객이 원하는 것이 될 수 있지만
> Demand는 고객이 원하는 것이 아닐 수가 있다.

고객이 원하는 Needs란 무엇인가?

니즈라는 것은 고객이 기본적으로 원하는 것이다. 니즈는 인간의 욕구와도 같다. 배가 고프거나 잠을 자고 싶거나 일하고 싶다와 같이 인간에게 기본적으로 채워지지 않은 부족한 상태를 니즈로 표현한다.

우리가 이미 알고 있는 니즈도 있지만 고객에게 충족되지 않은 니즈Unmet needs를 찾아 그것을 충족시키는 노력도 중요하다.

마케팅에서는 고객의 Hidden needs와 Unmet needs를 찾으려고 노력한다. 숨겨진 니즈와 충족되지 않은 니즈를 발굴해서 제공해 주는 것은 마케팅의 기본적인 기능이기 때문이다.

마케팅에서는 고객의 Needs를 분석하고 해석할 수 있어야 한다. 그만큼 수요를 확장시켜 나갈 수 있는 근거는 고객의 Needs를 바탕으로 해야 한다.

그런데 니즈를 찾았다고 해서 마케팅에 바로 도입할 수 있는 것은 아니다. 고객의 근본적인 니즈는 찾았지만 더 구체적으로 무엇을 원하는지 알아야 하기 때문이다. 부족한 것을 알았지만 고객들은 실제로 어떤 것을 원하고 있고 그것을 통해서 니즈를 해결하기 때문이다.

그래서 마케팅에서는 Wants를 더 세부적으로 고객에게 제공하는 요구사항으로 해석한다. Wants를 확실하게 제공해 주어야만 고객은 구매 의사가 보이기 때문이다. 배가 고프다면 고객에게 빵을 제공해 주어야 할지? 아니면 밥을 제공해 주어야 할지를 잘 판단해야 한다.

미국 텍사스의 여성전용 휘트니 클럽 Curves가 있는데 여성들만의 차별화된 전용 휘트니 클럽을 고안해서 대성공을 거둔 사례가 있다. 휘트니 센터는 남자와 여성이 뒤섞여서 운동을 하는데 여성들은 자신의 몸매를 남성들에게 보이고 싶지 않은 욕구Needs가 있었다. 그래서 Curves는 여성들만의 전용 휘트니 센터Wants를 만들어서 대성공을 거두었다.

또한 여성들에게 순환운동에 대한 제안Wants을 하였다. 여성들은 서로 이야기를 나누면서 공감을 하였고 여성 친화적인 측면으로 서로 간에 몸매에 대해서 이야기를 나누기 시작하였다. 이것은 Hidden Needs를 발굴해서 Wants로 제공한 성공사례라고 볼 수 있다.

고객의 Needs는 단순하게 질 좋은 제품을 값싸게 구매하는 것을 원하는 것이 아니다. 제품의 기능, 문화, 고객의 마음속에 들어야 하는 가치가 반영되어야 한다. 그러한 Needs가 없이는 고객들로부터 제품을 설득할 수가 없다.

고객이 원하는 제품을 구매하는 측면에서는 제품에 관계된 모든 것들이 조화롭게 어울려 있어야 한다.

{ 고객에게 Hidden needs와 Unmet needs를
찾는 노력은 고객의 Wants를 발견하게 만든다 }

마케팅은 시장Market에서 미팅Meeting을 하는 것이다

누군가가 당신에게 마케팅이 무엇인가라고 질문한다면 어떻게 답하 겠는가? 전문가라고 해도 한마디로 요약해서 말하기는 쉽지 않을 것 이다. 마케팅을 잘한다는 사람들, 마케팅을 공부해 온 사람들도 잘 모르는 영역이 바로 마케팅이다. 그래서 마케팅을 미지의 세계라고도 불린다. 공부하면 할수록 어려운 영역이 마케팅이기 때문이다.

국내에서는 마케팅을 연구하는 대표적인 학회로써 한국마케팅학회 와 한국마케팅관리학회 등이 있다. 이들 학회에서도 지금까지 마케 팅에 대해서 정의를 해왔지만 워낙 광범위한 분야가 마케팅에 대한 정의는 다양하게 많다.

다만 최근에는 고전적인 마케팅 정의는 의미가 점차 사라지고 있 다. 세상이 하루가 다르게 변화되고 있고 마케팅의 방식도 과거와는 수준이 다르기 때문이다.

경영학자들은 마케팅을 공익의 목표와는 별개로 사용해야 된다는 측면에서 이익을 목표로 시도하는 커뮤니케이션의 방법이라는 측면을 강조하고 있다.

경영의 대가들은 마케팅을 사람들이 원하는 욕구를 해결해주고 만족시켜 주는 제품들의 속성이라고 정의하기도 한다.

마케팅은 고전적인 방식이 존재하지만 늘 새로운 이론과 방법들이 펼쳐진다. 그래서 과거에 진행되어 온 마케팅은 과거의 역사가 되다 보니 미래를 내다보는데 있어서 한계점으로 작용한다.

어떻게 세상이 변하게 될지 정의조차 미래 주관에 의해서 달라지기 때문이다. 그래서 마케팅은 더 새롭고 인간에게 도움이 될 수 있는 방향성에 맞춘 제품들을 개발했더라도 성공을 보장 받지 못하게 된다.

피터 드러커Peter Ferdinand Drucker의 말에 의하면 기업에서는 단 두 가지의 기능밖에 없다고 한다. 그것은 마케팅과 혁신이라는 것이다. 피터 드러커는 이 두 가지 기능이 기업에서 기본적으로 갖추어야할 기능이라고 주장하였다.

마케팅은 실행과 결과가 항상 뒤따라오는 분석적인 기법이라서 훨씬 더 어려운 분야다.

즉, 마케팅이란 한마디로 요약하면 상품이나 서비스를 고객에게 유통시키는 모든 체계적인 경영활동이라고 할 수 있다. 이해하기 쉽게 마케터는 사장님이라고 생각하면 쉽다. 제품을 기획해서, 만들고, 고객에게 유통시키고, 사후관리까지 하는 모든 일련의 활동을 마케팅이라고 표현하기 때문이다. 마케터는 한 분야만 신경 쓰는 직원이 아닌 전체를 책임지는 사장님이어야 하는 이유다. 마케터는 굉장히 광범위한 범위 내에서 모든 영역을 알아야 한다.

특히 마케팅은 제품이 판매되는 영업의 영역보다 훨씬 더 큰 영역으로 파악하고 있어야 한다. 가령, 내가 오늘 판매된 매출이 얼마인지도 알아야 되고 재고는 얼마나 남아 있는지, 어떤 제품이 고객들에게 잘 판매가 되는지, 향후 어떤 제품을 기획해야 되는지를 반드시 알아야 한다.

그리고 판매 예측을 잘 관리해야 한다. 그래야만 내가 얼마만큼 생산을 해야 되고, 얼마만큼 구매를 해야 되는지가 그려지기 때문이다. 마케팅은 단지 계획만 하는 단계로 이해를 하는데 전혀 그렇지가 않다. 제품을 기획하고, 기획한 제품을 어떻게 만들고, 판매를 어떻게 해야 되고, 판매된 사후관리는 어떻게 해야 되는지 까지 모든 영역에 걸친 멀티 플레이가 마케팅 영역인 것이다.

제품의 원료구매부터 시작해서 제품의 클레임 처리 단계까지 종합적인 고객 솔루션이 바로 마케팅이다.

우리가 흔히 마케팅의 영역이라고 하는 것들은 대다수 시장마케팅의 영역이다. 제품이 이미 출시되었거나 출시되는 것들을 잘 팔리기 위해서 하는 마케팅들이다. 그러나 진정한 마케터는 시장 마케팅에 국한된 것이 아니라 비즈니스 마케팅의 영역에 관심을 가져야 한다. 시장 마케팅은 주로 시장을 중심으로 제품의 판매 영역에 국한된 마케팅으로 발전되어 왔다. 주로 트렌드와 환경을 분석하고 4P를 통하여 계획하고 STP를 통해서 실행하는 단계를 거쳐 왔다.

하지만 비즈니스 마케팅은 새로운 사업의 영역을 창출하는 마케팅을 의미한다. 구매단계부터 시작해서 수익창출의 기반이 되는 전체 영역을 포괄적으로 마케팅이 운영되어야 하기 때문이다. 그만큼 마케팅의 영역은 사업적인 측면의 수익창출 영역까지 확대되고 있다.

그래서 마케팅은 실행을 전제로 구체화 되지 못하면 아무런 쓸모없는 제안이 된다. 다른 영역에 비해서 마케팅은 실행이 그만큼 중요한 영역이다.

마케팅은 이처럼 거창한 계획이나 틀에 박힌 보고서를 작성하는 영역이 아니다. 하나라도 더 발로 뛰어서 시장을 이해하고 실행하는 영역이기 때문이다. Market + ing은 바로 현재 시장에서 진행되고 있는 영역이라는 것을 의미할 만큼 실행이 전제로 되어야 하기 때문이다. 그래서 마케팅은 시장Market에서 늘 사람들하고 미팅Meeting을 한다는 의미로도 해석하기도 한다. 끊임없이 늘 얼굴을 마주보고 실행하는 과정이 마케팅이다.

마케팅에서 **이기려고** 하면 **못할 것**이 없다

하위 기업수준에서 전략들은 광범위하고도 다양하다. 하위 수준의 전략은 단기간에 최저비용으로 승부를 보는 마케팅을 의미한다. 이런 마케팅에 승부를 거는 회사들은 다양한 차별화 전략을 시도하고 있다.

미국의 배달전문 업체는 전화번호부에서 자사의 전화번호를 찢어 오게 되면 배달음식을 한 개 더 주는 방식으로 마케팅을 펼쳤다. 그 이유는 자신의 전화번호를 찢어오면서 경쟁사 전화번호도 같이 찢어지기 때문에 경쟁사를 제거할 수 있기 때문이다.

미국의 한 소형마트는 경쟁사 매장에 고객들이 가지 못하도록 매장에 들어오면 아이스크림을 무료로 나누어주는 마케팅을 시도했다. 고객들은 아이스크림이 녹기 때문에 다른 매장에 가지 않는 현상이 많아지면서 구매력의 증대효과를 발휘했다.

뉴욕의 한 중소서점은 대형서점 인근에 위치하였는데 서점에 방문하는 주요 고객들에게 차별화 마케팅을 시도해서 좋은 성과를 올렸다. 서점에 방문하는 고객들에게 최신 출간된 책을 일정시간 동안에 읽을 수 있도록 하는 서비스를 제공 하였고 오탈자에 대해서 발견하면 책을 무료로 제공하는 마케팅을 시도했다. 그런 결과 대형서점에 가는 구매 고객들의 일부를 끌고 오는 효과를 발휘하였다.

자동차 오일 교체시기를 미리 알려주고 대신 교체해 주는 서비스 마케팅을 선보인 미국의 한 정비공장은 경쟁사 대비 차별화 서비스로 승부를 해서 성공했다. 저녁에 정비 담당자가 고객 집에 찾아가서 차를 정비소에 가져와서 오일을 교체한 후 새벽에 다시 가져 다 주는 방식으로 차별화 서비스를 시도했다.

영국의 한 청년은 고객들의 클레임을 전문적으로 처리하는 회사를 만들어서 서비스도 판매하는 마케팅 전략을 창출시켰다. 보통은 기업들이 전문성을 가지고 고객들에게 직접 클레임을 처리하지만 이 서비스 업체에게 클레임을 맡기게 되면 기업들 입장에서 오히려 더 고질적인 클레임 문제들을 완벽히 해결할 수 있는 기회가 되었다.

국내의 한 아이스크림 회사는 영업사원들의 신제품 아이스크림 판매량을 증대시키기 위해서 아이스크림 포장 박스에 주유쿠폰을 넣어서 포장 박스를 뜯게 되어 쿠폰을 발견하면 갖도록 하는 마케팅을 펼쳤다. 그 결과 영업사원들의 해당 신제품 주문량은 급격히 증가되었고 매장의 진열도 많아지는 현상을 경험하게 되었다.

> 최고의 마케팅은 고객에게 참여를 유도하여
> 고객이 즐거움을 느끼도록 해야한다

마케팅은 준비만
철저해도 답이 보인다

마케팅에서는 변화를 이해해야 한다. 시장은 늘 변하기 때문이다. 그 변화를 따라잡아야만 시장에서 우위를 점할 수가 있다. 마케팅은 변화되기 때문에 존재하는 것이다.

경쟁자는 수시로 침입해 오고, 시장 환경은 새롭게 바뀌고, 지속적인 경쟁우위를 확보할 수 있는 것은 없다. 세계적인 글로벌 기업들도 시장에서 변화를 직감하지 못하면 한순간에 퇴출될 수 있다.

과거 코닥필름은 세계적으로 유명한 필름회사였다. 하지만 코닥은 IT문화의 급속한 변화에 따라 디지털카메라가 보급되었는데도 필름의 환상을 버리지 못했다. 코닥은 그 당시 디지털카메라를 쓰는 사람은 많지가 않을 것이라는 생각이 지배적이었다.

오늘날 수많은 기업들은 역사 속으로 사라지기도 하고 새롭게 탄생하기도 한다. 시장에서는 늘 새로운 수요를 원한다. 스마트 시대에 접어든 요즘은 그야말로 변화를 가름하기 조차 힘들다. 한치 앞도 어떠한 변화가 우리에게 닥칠지 아무도 모르기 때문이다.

1990년대에 와서는 퍼스널 컴퓨터가 보급되면서 컴퓨터로 데이터를 저장할 수 있게 되었다. 2000년대에 진입되면서 노트북이 활용되기 시작했고 정보를 다양하게 가공하고 활용할 수 있는 능력을 갖추게 되었다. 기업들도 마케팅을 분석하는 수준이 과거처럼 단순 입력과 통계를 바탕으로 하는 영역에서 점차 확대되고 있다.

현재 우리는 스마트 사회로 접어들면서 다양한 데이터를 확장시켜 볼 수 있게 되었고 언제 어디서나 마케팅의 효과를 즉시 관찰할 수 있게 되었다.

그만큼 기업 간의 경쟁이 차별화되지 못하면 고객들로부터 외면당할 수 있다는 의미가 된다. 기업 간의 벽이 무너지면서 고객들의 구매방식에 엄청난 변화가 오기 시작한 것이다.

인터넷이 언제 어느 때 우리와 함께 있게 되면서 많은 사람들이 지금까지 원했던 제품, 디자인, 고객중심의 사고가 어느 때보다 빨라지고 있다.

기존에 가지고 있는 경영의 방식이 바뀌어 가고 있으며 커뮤니케이션의 역량이 중요하게 부각되었다. 마케터들은 더 이상 과거처럼 일해서는 효과를 발휘하기가 어렵게 되었다.

마케터들은 변화하는 환경에 어떻게 대처해야 될지를 늘 생각해야 되고 변화에 앞서나가기 위한 노력을 게을리 해서는 안 된다.

마케팅은 회사에서만 운영하는 것이 아니다. 마케팅을 필요로 하는 곳은 살펴보면 너무도 많다. 개인도 마케팅을 위해서 노력해야 되고 정당인, 종교단체, 운동선수, 교사 등 다양한 곳에서 마케팅을 필요로 한다.

마케팅은 물건을 판매할 때만 필요한 것이 아니다. 때로는 면접 장소에서 개인을 어필할 수도 있고, 대인관계의 발전을 위해서도 필요한 때가 있다. 마케팅은 어느 한쪽에 국한된 것은 아니다. 이윤을 추구하는 기업의 목표와는 다르게 마케팅을 활용할 수도 있는 것이다.

그런데 마케팅은 도입하는 것을 너무도 쉽게 생각하는 경향이 많다. 마케팅은 준비가 생명이다. 만약, 당신이 누군가의 앞에서 발표를 한다고 가정해 보자. 충분하게 납득이 가도록 설명을 하기 위해서는 피나는 연습이 필요하다. 마찬가지로 마케팅의 필요성을 인식하면서 그에 대한 노력을 게을리 해서는 안 된다.

지금도 마케팅 기법은 다양하게 변하고 있고 창조되고 있다. 마케팅을 배우는 것은 쉽지만 적용하려면 평생 걸린다는 말이 있다. 그만큼 마케팅은 학습으로만 그쳐서는 안 되고 실제로 적용하는 방법을 배워야 한다. 마케팅의 필요성은 잘 인식하지만 제대로 실행하는 조직이 없다는 것은 아쉬운 부분이다.

마케팅의 역량은 시장에서 판가름 나기 때문에 마케팅을 체계적으로 육성하고 관리하는 방안이 절실하게 필요하다.

고객에게 **무감각한** 마케팅을 버려라

　마케팅은 수없이 넘쳐나고 있다. 그런데 마케팅을 제대로 알고 실행하는 기업들은 거의 없다. 기업마다 마케팅에 접근하는 방식도 다르고 적용할 수 있는 범위도 다르기 때문이다. 기업들에게 만연되어 있는 마케팅에 대한 무감각한 상태를 치료하지 않으면 결과적으로 시장의 지위를 빼앗긴 뒤에 엄청난 후회를 하게 된다.

　대다수 기업들은 마케팅을 통해서 단기간에 높은 성과가 도달 될 것이라는 착각 속에 빠져있다. 기업들은 자신의 제품이 시장에서 지속적인 수익이 날 것이라는 가정으로 움직인다. 그렇기 때문에 마케팅에 대해서 구지 할 필요성에 대해서 못 느끼는 경우가 많다. 그리고 고객들에게 좀 더 쉽고 편안한 수익창출 방식을 적용하기를 원한다. 그래서 고객들의 이탈을 방지하기 보다는 기존방식대로 일하기를 원한다.

　일반적으로 기업들은 고객이 원하는 것이 무엇인지를 파악하지 못한다. 고정적으로 인식하고 있는 범위를 벗어나서 생각하려 하지 않기 때문이다. 고객가치를 외치면서도 실제로는 고객의 의견을 수렴하는 부서조차 갖추지 않고 운영하는 경우가 태반이다.

고객의 가치와 서비스는 늘 보고서에 마련하지만 실제로 고객들이 무엇을 원하는지 조사할 수 있는 부서를 배치하지 못하는 것은 그만큼 기업들이 마케팅을 제대로 인식하지 못하고 있는 것이다.

마케팅은 고객과의 소통이다. 그 소통이 실제로 온라인상의 블로그를 만들거나 SNS를 활동하는 수준에 그치는 것이 아니라 변화에 대한 반응을 실제로 고객들로부터 조사를 해보고 어떠한 것들을 가치점으로 가져가야 할지를 파악해야 한다.

> 마케팅은 정성스럽게 끓인 죽과도 같다.
> 고객이 꼭 필요로 하는 동시에 고객에게 이로워야 한다.

완벽한 전략은 마케팅을 실패하게 만든다

『당신은 전략가입니까』를 저술한 하버드경영대학원 교수인 Cynthia Montgomery는 대다수 회사의 전략업무는 연간계획이나 기획과정의 업무로 되어버려서 전략을 확인하고 설명하면 끝으로 생각하는 오류를 범한다고 하였다.

그는 책에서 전략을 만들어 나가는 과정 자체가 경영과 분리되는 현상이 많기 때문에 대부분의 리더는 전략을 수립할 때 컨설팅업체에 작업을 맡기면서 훌륭한 전략인지를 확인하는 역할만 한다는 것이다.

전략이 훌륭하다고 판단되면 조직 내에서 옮겨가면서 어떻게 이행할지, 성과를 올리게 될지를 고민하지 않아도 된다는 것이다. 하지만 전략을 아무리 신중하게 만들고, 획기적으로 창출해도 리더가 전략을 하나의 완성품으로 생각한다면 실행되는 전략은 대부분 실패하고 만다는 것을 깨우쳐 주고 있다.

즉, 전략의 실행 계획은 특별하게 잘되든 못되든 예상되는 상황이 벌어지게 된다. 그 과정 속에서 전략가는 지식과 경험을 축적하게 되고 확인하면서 평가하는 역량이 올라가게 된다. 부족한 전략이더라도 실행과정을 거치면서 의사결정하고 판단하는 일들을 반복하면서 훌륭한 마케팅전략으로 만들어지는 것이다.

컨설팅 업체에게 의존되는 전략은 아무리 훌륭한 전략이라고 박수를 치더라도 그것으로 끝나게 된다. 그 뒤는 없다. 사실 이러한 현상은 기업들에게 만연되어 있는 현상이고 조직 간에 조정하거나 이슈들을 해결하는 역할이 빠짐으로써 실행에 대한 관심도가 낮아지게 된다. 훌륭한 전략은 가공되거나 확장성을 가지면 안 된다. 우리의 목표는 전략을 만드는 목적이 아니기 때문이다.

전략을 하나의 목표물로 생각하고 만드는 것은 큰 실수를 범하는 것이다. 전략은 지속적으로 변화하는 긴 과정을 담는 것이다. 이렇듯 전략을 구축하는 많은 직장인들은 오늘도 보고를 위한 전략에 온 힘을 발휘하고 있다. 훌륭한 전략가는 결코 완벽한 보고서를 원하지 않는다. 긴 여정의 길들을 이미 알고 있기 때문이다.

마케팅의 성과는 상위자에게 훌륭한 보고서로 평가받는 것이 아니라 고객에 얼마나 근접할 수 있느냐의 가치로 평가받는 것이다

마케팅에서 배운 것들을 왜 써먹지 못하는 것일까?

마케팅에서는 4P를 가장 핵심적인 키워드로 인식하고 있다. 특히 마케팅을 학습한 사람들의 경우에는 STPSegmentation, Targeting, Positioning에 대해서 너무도 잘 알 것이다. 마케팅을 하는 사람들은 시장에서 사업을 위한 목표를 세우게 되는데 우선적으로 시장세분화segmentation를 통해서 진입하고자 하는 기회를 파악하게 된다.

그리고 진입하고자 하는 기회는 목표를 설정targeting하고 포지셔닝positioning을 통해서 구체화 된다. 이처럼 마케팅을 하는 전략가들은 제품개발product, 판매촉진promotion, 가격설정price, 유통관리place 등의 4P를 구축하는데 있어서 STP를 전략적으로 활용한다.

하지만 이론적으로 정립된 4P와 STP의 방법들이 존재하지만 기업들 입장에서는 정확한 전략을 세우지 못한 채 대부분은 홍보와 광고 비용에 마케팅을 투자하는데 그치고 있다.

마케팅은 문제들을 해결해 내는 전략적 학습 방법론이다. 무엇보다도 마케팅을 잘하기 위해서는 이론적인 바탕 위에 실행전략이 마련되어야 한다. 사실 마케팅에서는 이론들이 만들어지기까지 수많은 시행착오와 관계규명을 통해서 정립된 것들이다. 그래서 마케팅 이론에 대해서는 상세하게 파악하고 있어야만 마케팅 기획가가 될 수 있는 자질이 생기게 된다.

마케터에게는 '따라 하기'를 좋아하는 성향들이 많다. 남들이 이미 해본 것들이라는 위안과 실패를 줄일 수 있다는 생각 때문이다. 그러나 마케팅의 성과는 기존에 경험했던 것들로부터 창출되지 않는다.

마케팅에서는 배운 것을 그대로 쓰는 것이 아니다. 배운 것을 응용하고 새롭게 적용해야만 마케팅의 성과가 창출되는 것이다. 그런데 우리는 교과서처럼 그대로 배우려고만 한다. 그렇게 되면 성공 사례와 실패 사례의 지식만 늘어나지 실제로 실행하는 과정을 중요하게 생각하지 못하게 된다.

> 당신이 가지고 있는 전략의 90%는 대부분
> 이미 안다는 생각에 사로잡혀서 실행하지 않는다는 것이 문제다

마켓에서는 경쟁자를 착각하는 현상이 나온다

현재 경쟁사 대비 매출이 감소하고 있다는 것을 파악하게 된다면 우리는 경쟁사가 어떤 행동을 하고 있다는 것에 집착하게 된다. 그리고 경쟁사의 정보를 취득하려고 노력할 것이다.

그런데 경쟁사가 무엇을 하고 어떤 제품이 출시되고 하는 문제는 시각적으로 누구나 할 수 있는 원인 파악이다. 그것보다 내부적으로 어떤 문제가 있는지에 대한 관점은 인식하기 싫어하기 때문에 누구나 외부의 원인부터 찾는 경험을 하게 될 것이다.

당신이 가지고 있는 마케팅 전략은 과연 무엇인가? 만약에 당신이 이런 질문에 답변을 하지 못한다면 생각이 우왕좌왕으로 볼 수 있다. 회사 내부의 임원이나 경영자들이 마케팅 전략에 대한 일체성이 보이지 않거나 생각이 다르다면 전략을 실행하기는 어렵게 된다.

마케팅 전략을 잘 수행하는 회사들은 경쟁자들을 제대로 파악하고 있다. 경쟁사를 이기기 위해서는 어떠한 전략을 펼쳐야 할지를 잘 판단해야 한다. 보이는 경쟁사는 우리에게 아무런 도움이 안 된다.

지금까지 시장에서 보이지 않는 실제 경쟁사를 찾아내는 것이 중요하다. 가령, 자동차 회사들의 경쟁사들은 동일 조건의 자동차 회사라고 단정하지만 실제로 자동차를 판매하는 회사보다 택시나 버스를 타고 다니는 사람들이 경쟁자라는 사실을 알아야 한다.

왜냐하면 대중교통을 이용하는 고객들이 많아지는 것은 그만큼 자동차의 판매수량이 감소할 수 있는 영향을 미치기 때문이다. 자동차 회사들은 자동차를 사지 않는 사람들의 영향력을 검토해야 한다는 의미다.

휴대폰 회사들은 동종업계의 휴대폰 업체가 경쟁사라고 판단하지만 실제로는 휴대폰을 사용하지 않는 사람들이 경쟁사인 것이다. 지금까지 우리는 그들을 잠재적 고객이라고 불렀지만 경쟁자의 역할이 더 강할 수 있다. 그들은 휴대폰의 사용을 억제하는 역할을 하기 때문이다.

경쟁자를 제대로 파악하기 위해서는 현재 우리가 하는 사업에 진입하지 않은 고객들을 먼저 파악해야 되고 그들은 어떤 것들에 관심을 가지고 있는지 파악해야 한다. 그리고 어떤 제품들을 이용하고 있는지를 살펴보아야 한다. 그렇게 되면 실제로 자신들의 제품을 애용하는 고객들도 보이지 않는 경쟁자가 되는 것이다.

경쟁사가 생각하는 전략은 쉽게 알지 못한다. 그것들을 알기 위해서는 경쟁사 직원을 영입하는 방법이 가장 효과적이다. IBM은 경쟁사 직원을 빼와서 전략에 대해서 이야기를 들어 보았는데 엄청난 놀라운 사실들을 발견했다.

경쟁사가 실제로 IBM을 무너트리기 위해서 다양한 사업전략을 구사했다는 것을 알게 되었다. 하지만 정보를 파악한 것에 그쳤고 실제로는 대응의 속도가 늦어서 장기 침체로 이어졌다.

경쟁사 기업은 네트워크 구축을 통해서 수익화 모델을 구축했는

데 IBM은 기존의 플랫폼 안에서만 사업을 특징짓는 시스템만 고집
해왔다.

  결과적으로 이런 사업의 플랫폼을 연결하는 네트워크 사업에서 많
은 이윤을 추구한 경쟁사는 더욱 성장할 수 있었고 네트워크라는 새
로운 사업의 모델을 시장에서 IBM을 상대로 펼친 것이다. 경쟁자의
전략에 대한 의견을 사전에 깊이 있게 수렴하는 역할이 중요하다는
뜻이다.

{ 경쟁사를 제대로 보지 못하는 것은
당장 아픈 곳에만 집중하기 때문이다 }

세상의 Top들은 다른 방식의 마케팅을 한다

마케팅은 사람들의 마음을
움직이는 창작물이다

마케팅이 제품과 서비스를 통해서 고객에게 가치를 부여하는 일들의 전체를 마케팅이라고 표현하지만 따지고 보면 이 모든 것들은 사람을 잘 관찰해야만 나올 수 있는 일들이다. 그래서 마케팅을 잘하려면 무엇보다도 사람에 대한 이해력이 뛰어나야 한다.

특히 마케팅은 일반적인 업무 성격과는 차원이 다르다. 자신이 아무리 뛰어나더라도 주변의 사람들이 싫은 감정을 드러내거나 꺼려지는 태도가 보인다면 당장 마케팅에서 손을 털고 나오는 것이 좋을 것이다. 마케팅은 경쟁을 통해서 이기는 전략이 중요한 것이 아니라 어떤 현상들이 나타나고 있는지를 주의 깊게 관찰하는 능력이 더 중요하다.

내가 만든 제품이 정말 잘 팔릴 수 있을 것이라는 신념도 중요하지만 자기주장이나 자기 과시에 휩싸여 있는 사람들은 결과적으로 마케팅하고는 거리가 먼 사람들이다.

마케팅을 우선 잘하려면 사람에 대한 이해와 오픈 마인드가 가장 중요하다. 마케팅에 대한 예의가 무엇보다 중요하다는 의미다. 남을 이기려는 경쟁과 과도한 승부수로는 마케팅은 절대 성공하지 못한다. 성과를 중시하는 대다수의 사람들은 남을 누르고 앞서기를 원하지만 대부분은 단기적인 성과를 보이더라도 결국은 마케팅의 근원적인 힘에 다시 무릎을 꿇게 된다. 마케팅은 부메랑과도 같다.

사람에 따라서도 다르게 나타나곤 한다. 사람을 상대로 영업을 하는 영역인 컨설턴트나 교육 강사들에게는 마케팅력이 필수적이다. 그런데 능력이 아무리 출중해도 사람들이 모이지 않는 강사들이 있는가 하면 어떤 강사들은 사람들이 주변에 늘 꼬이고 작은 문제라도 자문을 부탁하기 원한다.

어떤 매력이 숨겨져 있을까? 능력을 떠나서 그것은 주변 사람들이 마케팅을 하는데 도와주기 때문이다. 주위 사람들이 알아서 소개를 해주고, 또 소개받은 사람은 다시 또 주변 사람을 소개해주는 순환이 지속되기 때문이다.

어딘가 부족해 보일 것 같지만 인간적인 매력이 있기 때문에 소개해주고 싶은 마음이 강하게 들기 때문이다. 마케팅력은 사람과 관계된 행동이고 사람을 이해하는 능력이 가장 먼저 선행되어야 한다.

마케팅을 잘못 이해하고 실행하면 다시 회기 되는 현상을 경험한다. 사람을 근본적으로 누르고 경쟁에만 초점을 맞춘다면 마케팅에서는 성장하기 어렵다.

그래서 마케팅을 잘하려는 사람들은 우선적으로 사람과의 관계에 대한 깊은 이해를 통해서 배려와 서비스에 대한 마인드가 있는 사람들이 마케터의 역할을 수행하는 것이 효과적이다. 마케팅은 혼자서 수행하는 업무 영역이 아닐뿐더러 탁월한 인간관계를 통해서 주위

사람들에게 긍정적인 마인드를 심어주는 능력이 없으면 마케터로서
성장하는데 제한이 많다.

아무리 뛰어난 마케팅 전략가라고 해도
사람의 마음을 읽지 못하면 채용하지 마라

진정한 마케팅은 고객의 문제점을 개선하는 활동이다

마케팅에서는 어떤 일들을 하는 것이냐고 궁금해 하는 사람들이 많다. 기업에서 마케팅은 고객의 의견을 수렴하고 문제점에 대해서 개선하는 과정에서부터 시작한다.

마케팅은 시상에서 늘 문세의식을 가셔야 한나. 문제를 해결하는 종합적인 과정이 마케팅이기 때문에 단지 마케팅은 제품의 수익창출에만 국한된 일만 하는 것이 아니다.

고객이 불편해하는 것은 무엇인가? 고객은 어떤 가치를 제공하기를 원하는가? 기업에서는 마케팅이 고객으로부터의 불만사항을 늘 점검하고 개선하는 활동이 이루어져야 한다.

마케팅은 시장에서 모든 일들이 이루어진다. 시장에서 고객의 의견을 수렴하고 개선사항을 파악하고 그것들이 모여져서 회사 내 개선점을 발굴하는 활동이 바로 마케팅의 혁신이라고 한다.

기업들은 주로 모니터 요원을 활용해서 고객들의 개선점을 파악하거나 신제품을 테스트하곤 한다. 모니터 요원의 마케팅 활동은 제품 프로모션이나 신제품 출시 등에 상당한 영향을 미친다.

특히, 기업에서는 고객들에게 적합한 마케팅을 수행해야 되는데 제대로 파악하지 못할 때 모니터요원이나 시장조사를 통해서 샘플조사를 하게 된다. 기업에서는 막대한 마케팅 비용을 낭비할 수 없기 때문이다.

마케팅의 종류에는 경쟁 마케팅, 차별화 마케팅, 리치 마케팅, 바이럴 마케팅 등 수없이 많은 마케팅들이 존재한다. 시장에서 마케팅들이 난무하고 있는 가운데 마케팅 전략의 판단이 중요하지만 정작 그 중요성을 간과하고 실행하는 경우가 많다. 그것은 마케팅의 영역이 시대에 따라서 변화되었기 때문이고, 마케팅 자체를 정형화하기 어렵기 때문이다.

그런데 이렇게 기업에서는 마케팅 활동이 혼재되어 있지만 정작 어떤 마케팅 전략을 써야 할지는 마케팅 담당자들도 선택하기 어려운 것이 사실이다. 마케팅을 활용하기 이전에 고객에게 적합한 마케팅을 적용해야만 실패비용을 줄일 수 있는 효과적인 마케팅이 된다.

> 고객의 문제점이 무엇인지 늘 찾아내는 것이
> 가장 고객에게 인정받는 최고의 마케터다.

이론으로 **증명**되지 못하면
마케팅이 아니다

마케팅은 독립변수와 종속변수 간에 있어서 상관관계를 밝히는 이론적 가설을 바탕으로 성립된다. 즉, 마케팅 연구는 독립변수(마케팅 믹스와 수요, 경쟁자, 기술여건 등)가 종속변수(소비자 행동반응, 마케팅 성과)에 미치는 관계들을 파악하는 것이다.

독립변수의 가격Price, 촉진Promotion, 판매경로Place, 제품Product의 마케팅 믹스는 통제 가능한 영역이다. 통제 불가능한 상황변수에는 수요상황, 경쟁상황, 법적 정치상황, 경제적 여건, 기술, 내부 여건 등이 있다. 이들의 독립변수가 종속변수인 소비자 행동 반응(인지, 지식, 호감, 신호, 구매의도, 구매), 마케팅성과측정(매출액, 시장점유율, 원가, 이익, 이미지, 현금 유동성)에 어떤 영향을 미치는지를 파악하는 활동이 마케팅 연구의 기본이 된다.

어떤 마케팅을 펼쳤을 때 마케팅의 어떤 성과가 증가 되었다는 것이 이론적으로 밝혀져야 한다. 시장에서 다양한 마케팅이 이루어지고 있지만 실제로 마케팅이 어떤 성과를 올렸는지에 대해서는 과학적으로 밝혀지지 않은 것들이 많다.

광고비를 집행했는데 정확하게 매출이 올랐는지, 광고와 판촉 행사를 동시에 진행하는 것이 과연 효과적인지? 등 다양한 마케팅의 현상을 분석해서 성과로 증명되는 이론을 만드는 것이 마케팅 연구의 영역이며, 시장에서 마케팅을 적용하여 성과로 창출하는 과정이 마케팅 활동인 것이다. 마케팅에서는 마케팅 활동을 통해서 성과로 증명되는 과정이 반드시 필요하다.

⑤ RPES(Requirement, Participation, Expandability, Service)란?

시장에서 4P는 고전적인 마케팅 믹스로 통했다. 하지만 지금은 4P를 대신하는 마케팅 믹스로 발전되고 있다. 과거보다 더 다양화 되어가고 있고 마케팅의 전략도 시대가 변하면서 새롭게 창출되기 때문이다. 이제 시장에서는 4P대신 RPES로 변화되고 있다.

특히 기존 4P는 B2B시장에서 마케팅 전략을 구사하는데 있어서 한계점으로 작용하였다. 제품 위주의 4P 전략이 B2B 시장에서는 그만큼 특징적인 전략으로 활용되기에는 제한된 것들이 많았기 때문이다.

가격Price은 고객들에게 미치는 효과가 크다. 하지만 가격이 고객만족Customer Satisfaction으로 이어지는 것은 시장에서 효과가 점점 작아지고 있다. 과거에는 가격이 제품 구매에 있어서 결정적인 변수로 작용해 왔다. 최근에는 가격보다는 구매고객들이 원하는 요구Requirement로 확대되고 있다. 고객이 원하는 제품의 가치를 반영시키는 것이 가격보다 더 큰 욕구를 증대시키기 때문이다.

촉진Promotion은 프로모션에서 제품의 확산을 돕지만 최근에는 프로모션은 더 이상 시장에서 고객들에게 만족감을 주기가 어렵게 되었다. 다양한 판촉행사와 이벤트 행사들은 이제 고객들에게는 큰 매력을 못 느낀다. 다양한 제품들이 쏟아지고 동일한 판촉행사들이 우후죽순 나타나면서 프로모션의 장점에 대해서 크게 영향을 미치지 못하는 상태가 되었다.

촉진Promotion보다는 이제 고객을 참여Participation시켜야 한다. 고객이 활동할 수 있는 공간을 제공하고 다양한 정보를 제공해 주어야 한다.

판매경로Place는 상품을 진열하고 판매하는 한정된 측면에서 벗어나서 고객의 확장성Expandability으로 변화되고 있다. 과거에는 제품을 판매할 수 있는 공간이 제한되었다. 하지만 최근에는 제품의 판매 경계가 허물어지고 언제 어디서나 고객들을 확장하는 방법으로 마켓 경쟁력이 바뀌고 있다.

제품Product은 이제 서비스service 가치로 변화되고 있다. 고객이 요구하는 것을 서비스로 제공해 주어야 하는 가치로 확대되고 있다. 제품의 영역이 서비스로 확대되는 것은 이제 더 이상 제품만 가지고는 마켓에서 우위를 확보 할 수 없다는 가치가 반영된 것이다.

마케팅 전문가가
되기 위해서 필요한 역량

마케팅은 이론과 실행력이 뒷받침되는 여타의 학문과는 매우 다른 관점을 포함하고 있다. 마케팅은 누구나 공부할 수 있지만 공부를 했다고 해서 시장에서 모두 성과를 올릴 수 있는 것은 아니다.

마케팅은 시장을 과학적으로 해석하지만 실행력이 전제되어야 하는 학문이다. 그리고 실행을 모두 동일한 기준으로 하더라도 실행한 사람에 따라서 다르게 결과가 나올 수도 있다. 그렇다면 마케팅 전문가가 되기 위해서는 어떠한 능력을 갖춰야 할까?

첫째, 마케팅 전문가가 되려면 인간관계부터 좋아야 한다. 여러 사람들과 커뮤니케이션이 잘되어야 하고 수평적인 마인드를 가져야만 실행력에서 남들보다 더 좋은 결과를 올릴 수 있기 때문이다.

마케팅은 사람들과 함께 하는 일이다. 그러기 위해서는 항상 웃는 얼굴로 상대방을 대해야 한다. 최고의 마케터들이 가지고 있는 능력 중의 하나는 바로 상대방을 대할 때 웃는 모습으로 대한다는 것이다. 마케터는 호감이 가도록 하는 능력을 갖춰야 한다. 구매자를 관찰하고 좋은 방안을 제시하고 설득할 수 있는 능력이 있어야 한다.

아무리 회사에서 능력이 출중한 사람이라고 해도 혼자 일하는 사람들은 마케팅에서 능력을 발휘하기가 어렵다. 마케팅은 여러 사람들의 의견이 들어가야 되고 의견을 존중해서 함께 만들어 가는 목표점이 있어야 하기 때문이다.

둘째, 자신의 의견보다도 다양한 사람들의 의견을 수렴해서 그들을 세심하게 관찰하는 능력이 필요하다. 자신의 의견을 끝까지 전개하거나 지나친 목표의식에 사로잡혀 있는 사람들은 마케팅을 하기에는 적합하지가 않다. 마케팅은 자신의 의견보다는 타인의 생각과 아이디어를 존중하고 그 의견들을 세심하게 관찰하고 조율하는 역할이 가장 중요하다. 마케팅의 성과는 개인의 보고서를 잘 썼다고 해서 상사가 보증해 주는 것이 아니라 시장의 고객들이 성과를 판단해 주는 것이기 때문이다.

셋째, 마케팅 전문가가 되기 위해서는 영업이나 다양한 직무들을 경험해야 한다. 최근에는 MBA를 이수하는 사람들도 많아지고 있지만 실제로 마케팅은 학문적인 지식보다도 현장의 경험이 더 중요하다.
마케팅은 기업의 재무, 회계, 생산, 인사, 전략, 기획과 깊은 연관성을 가진 분야다. 마케팅 직무를 수행할 때 다양한 사람들을 알게 되면 많은 도움을 받을 수가 있다.

넷째, 계획보다는 실행하는 능력이 필요하다. 마케팅은 실행의 영역이지 계획의 영역은 아니다. 그래서 마케팅은 현장에서 얼마만큼 경험을 해봤는지가 역량으로 측정된다. 당신은 얼마만큼의 매출을

올렸고 어떤 브랜드들을 출시했는지, 어떤 브랜드를 관리해 봤는지가
평가의 요소이기 때문이다.

영업사원의 고객정보를
왜 활용하지 못할까?

최근 기업들의 가장 큰 고민은 제품이 팔려야 하는데 도통 팔리지 않는 것이다. 그래서 어떻게 하면 좀 더 고객들에게 마케팅의 역량을 높이고 회사의 수익구조를 좋게 만들 수 있을지를 고민하게 된다.

마케팅은 학습을 한다고 해서 금방 늘지 않는다. 마케팅을 잘하려면 영업사원부터 출발하는 것이 가장 확실하다. 현장을 모르고서는 답을 얻을 수 없기 때문이다.

현장도 그냥 현장을 방문해서가 아니라 실제로 내가 그 제품을 판매해보고 그 제품에서 고객들이 어떠한 이야기들을 하고 있는지, 또는 제품의 장단점은 무엇이 있는지, 시장의 기회는 어떤 것이 있는지를 분석하고 대안을 찾을 수 있는 훈련이 되어 있어야 한다. 그래야만 훌륭한 마케터가 될 수가 있다. 영업사원의 경험은 마케팅에서는 큰 재산이 될 수가 있다.

그래서 마케터가 되려면 영업부터 익히는 것이 가장 확실한 방법이다. 영업을 알면 시장을 이해하는 속도가 빠르고 제품과 고객에 대한 식견을 빠르게 배울 수 있기 때문이다.

💲 B2B 기업의 영업은 가치사슬의 분석에 있다

B2B 기업의 영업은 어떻게 해야 할까? B2B는 일반적으로 소비자를 직접 상대하는 B2C와는 좀 다른 면을 가지고 있다. 하지만 다르다고 해서 완전히 차이가 난다는 것이 아니다. B2B의 고객들은 최종소비자에게 판매하는 고객이 될 수도 있고 그 이전단계의 고객이 될 수도 있다.

중요한 것은 B2B 기업이 영업을 잘 펼치려면 고객이 무엇을 원하는지를 파악해야 한다. 그리고 그 원하는 것을 찾아서 직접 B2B 기업이 수요를 개발시켜야만 한다.

B2B 기업에서는 그만큼 영업의 역할이 중요하다. 고객이 가지고 있는 Needs를 종합적으로 이해하고 네트워크를 형성하고 있기 때문이다. 영업사원이 가지고 있는 정보를 오픈시킬 수 있는 체계적인 정보 공유 인프라가 그만큼 중요하다. 하지만 대다수 기업들은 세부적인 영업사원의 정보망을 활용하지 않는다.

그 이유는 대부분의 영업사원의 정보력이 제한되어 있다는 판단이 많기 때문이다. 회사가 영업사원들에게 마케터로서의 정보 수집 역할을 부여하지 않고 시스템에 의해서 업무가 처리되도록 구조를 만드는 경우가 많지만 실제로 영업은 마케팅에서 보지 못하는 핵심적인 고객들의 불만사항 등을 가장 많이 알고 있다.

고객들의 불만을 어떻게 하면 새로운 제품, 성능으로 만족을 줄 것인지에 대해서 고민하는 것도 영업의 몫인 것이다. 특히 B2B 기업들의 영업사원은 마케터의 역할이 매우 중요하다.

B2B 기업은 완제품이 도달되는데 필요한 것들을 적시에 공급해주

는 사업이거나 B2C 기업이 고객에게 더 나은 서비스를 위해서 창출하는 것들을 찾아주는 것을 원한다.

만약에 철강제품을 제작하는 기업을 운영한다면 철강 제작 후 남은 철강을 어떻게 소비할 것인가의 문제가 직결된다. 스크랩을 전문적으로 처리하는 기업의 활동이 바로 고객의 가치사슬 분석을 통해서 나온 영역이다.

그래서 B2B 기업을 잘 운영하려면 고객의 가치사슬에 대해서 명확하게 파악하고 있어야 한다. 고객의 가치사슬을 면밀히 살펴보면 B2B 기업이 확장할 수 있는 영역이 많아지기 때문이다.

그러기 위해서는 자사의 역량파악이 우선적으로 되어야 한다. 역량 파악이 진행된 후에 고객의 가치사슬을 분석하여 어떤 해결점을 제시해 줄 수 있는지를 검토해야 한다. 그것이 B2B 기업의 사업 영역을 확대하는 전략이 된다.

새로운 비즈니스 관점은 고객을 선점하고 고객이 무엇을 원하는지를 빠르게 찾는 것이다. B2B 기업에서는 고객이 저절로 오지는 않는다. 고객의 가치사슬을 분석해서 자사의 역량을 집중화시키면서 사업의 모델이 나타나게 된다.

{ B2B 기업의 영업은 마케팅을 없애는 역할을 해야 한다 }

고객은 잡는 것이 아니라 잡히지 않는 것이다

고객은 원하는 것을 쉽게 말하지 않는다. 현명한 소비가 증가되면서 구매도 점차 까다롭게 변하고 있다. 고객이 원하는 것을 즉시 해결해 주지 못하면 아무리 충성고객이라도 한순간에 돌변한다. 고객이 변하는 현상을 파악하는 것은 마케팅 전문가라고 해도 쉽게 파악되지는 않는다.

고객이 변하는 것을 세심하게 관찰하지 못하면 고객을 파악하기가 어렵다. 대부분은 기업에 속한 마케팅 전문가들은 고객들이 일탈하는 현상을 인정하려고 하지 않는다.

판매가 잘되지 않는 신제품들을 계속 방치해두거나 점유율이 줄고 있는 현상에 대해서 아무런 조치도 취하지 않는다면 무너지는 것은 한순간이다. 그래서 고객의 이탈 현상은 초기에 인지하지 못하면 되돌릴 수 없는 현실이 되고 만다.

기업들이 잘 나가다가도 한순간에 무너지는 현상을 쉽게 볼 수 있는데 이는 고객들이 점차 빠져나가는 원인을 파악하려 하지 않기 때문이다. 기존에 고객들을 유지하려고만 한다면 마케팅이 필요하지 않다.

고객은 오랫동안 구매하던 제품에 대해서 지루하게 느낀다. 경쟁자는 점차 더 차별화되어 출시되는데 과거의 향수에만 젖어서 새로운 신제품 출시에 게을리 하게 되면 변화하지 않는 모습으로 보이게 된다. 꾸준하게 고객들로부터 인기를 얻는 제품에 대해서도 여러 가지 신제품이 출시되어 발전되는 느낌을 고객들에게 주어야 한다.

마케팅에서는 기존 제품을 더욱 돋보이게 하기 위해서는 유사한 제품으로 마케팅을 포지셔닝 하라는 것이 정석이다.

이처럼 마케팅 전문가가 되려면 고객을 자세히 볼 수 있는 관찰력이 필요하다.

시장은 때로 예상치 못한 구매 결과로 우리를 어리둥절하게 만든다. 명절 이후에 여성용 제품들이 홈쇼핑에서 많이 팔려나가게 되는데 이러한 이유는 명절 스트레스에 의한 구매심리가 증대되었기 때문으로 해석한다.

사실 고객이 하는 행동을 제대로 해석할 수 있는 마케터는 그리 많지 않다. 아무리 예상을 하더라도 고객의 구매심리는 늘 변하기 때문이다.

고객은 당신이
성장하는 만큼 변한다

치열하게 경쟁하던 시대가 어느 순간 저물고 있다. 경쟁자를 진입하면 또 다른 경쟁자가 출몰한다. 그것도 엄청나게 빠른 속도로 말이다. 요즘은 경쟁자와 협력관계를 유지하면서 경쟁을 해야 한다. 참으로 어려운 말이다. 하지만 지금은 경쟁만을 위해서 혈전을 벌인다면 바보 같은 전략이 아닐 수 없다. 그렇다면 최근에 벌어지는 고객 마케팅의 전략에는 어떤 것들이 있을까?

첫째는 기업들도 과거처럼 막무가내로 돈을 쓰지 않는 절약형 마케팅을 선호한다. 과거에는 브랜드 하나를 창출하기 위해서 지출하는 비용이 상상을 초월했지만 지금은 브랜드에 쏟는 돈 대신 마케팅 투자는 최소화하면서 작은 이익이라도 지속적으로 올리는 절약형 마케팅 컨셉이 유행하고 있다. 그래서 확실하게 이익을 보는 사업이라면 너도나도 뛰어들고 있다. 손해만 보지 않는다면 레드오션 영역까지도 뛰어들고 있는 실정이다.

둘째는 가치경쟁이 떠오르면서 이제는 고가 제품에 제한된 가치를 중저가 제품까지 확산되고 있다. 최고의 부를 가진 사람들이 슈퍼마 켓에서 제품을 구매하고, 중산층이 최고급 브랜드 제품을 전문매장에서 구매하고 있다. 이러한 특성을 파악하여 최근에는 대형마트에서 고가 제품과 저가 제품이 공존하기 시작했다는 것은 제품의 경계가 사라지고 있다는 것을 의미한다.

셋째는 공간의 여유가 고객들을 끌어 모으고 있다. 공간마케팅을 통해서 최근에는 쇼핑의 장소가 단지 쇼핑의 목적이 아니라 편안하고 안락한 휴식의 장소로 변화되었다. 그래서 랜드마크로 표현되는 장소는 곧 구매고객들의 모임장소로 통한다. 최근 커피숍이 급격하게 증대되고 있는 이유도 공간에서 쉼터를 통해서 소통하고 싶어 하는 고객들이 많아졌기 때문이다.

특정 브랜드 공간을 만든다거나 고객들이 편안하게 이용할 수 있는 전시물, 사진 공간, 쉼터 등을 제공함으로써 고객들은 제품을 구매하려는 목적과 소통을 통한 스트레스를 해소하려는 목적으로 활용되고 있다.

특히 최근에는 온라인 마케팅의 영역이 확대되면서 그 어느 때보다 더 빠른 마케팅 열기가 감지되고 있다. 고객들은 제품의 마케팅 거품을 제거하면서 알뜰한 소비 형태로 더욱 진화되고 있는 것도 특징이다. 점점 더 제품의 경쟁력과 차별화가 뒷받침이 되지 않으면 고객들을 설득하는데 실패하게 된다. 분명한 것은 그동안 독점적인사업권을 가진 업체들이 시장에서 저물고 있으며 고객과 밀접하게 소통하는 기업만이 살아남는 시대로 변하고 있다.

<blockquote>
독특함 속에 차별화의 가치를 제공하지 못하면
고객들은 달아나려는 성질이 있다
</blockquote>

빠르고 역동적인
마케팅은 버려라

현대 마케팅에서는 속도전이라고 한다. 그만큼 시장은 빨리 움직이고 있다. 우리는 최신 휴대폰이나 자동차들이 출시도 하기 전에 제품의 기능, 성능, 디자인 등을 미리 살펴보는데 흥미를 가진다. 기업들은 제품 출시 전에 고객을 유치하기 위해서 치열한 마케팅을 펼친다.

우리 고객들은 이미 빠른 것들로부터 익숙해져 있다. 마케팅은 더욱 치열해지고 누가 더 시장을 선점하느냐에 따라 마케팅의 성과가 달라진다고 배웠다.

그런데 필자는 요즘 마케팅의 영역을 지켜보면 다른 느낌이 든다. 그동안 기업에서 마케팅은 빠르고 진취적이어야 된다는 사실이 무너지고 있는 것을 관찰하게 된다.

최신 스마트폰이나 TV 등 다양한 제품들로 하여금 우리는 과거보다 더 진화된 제품들 속에서 생활하고 있다. 하지만 편리함은 오히려 불편함이 증가하고 있다는 것도 주목해야 한다. 시장에서는 편리성을 추구 할수록 기능은 복잡해지고 시스템화 되어가는 제품들이 많아지고 있다.

　최근 들어서 자연과 함께 인간이 공존하는 마케팅 영역과 느리게 사는 삶 속에서 행복을 추구하는 사람들이 많아지고 있다. 우리나라는 베이비붐 세대들이 과거 산업화를 주도해 왔다. 과거 구매력이 가장 왕성한 세대가 바로 베이비붐 세대였다. 그동안 한국식 마케팅은 베이비붐의 주도하에 산업화의 속도와 함께 구매 패턴이 빠르게 변화됐다.

　하지만 구매력을 좌우하는 세대들의 이동이 점차 과거와는 다르게 변화되는 것이 감지되고 있다. 점점 더 빠른 것을 추구하기보다는 안정적이면서도 삶에서의 자유를 좀 더 누리고 싶어 하는 측면으로 바뀌고 있다. 빠른 마케팅은 오히려 불편한 관계로 번지고 있다.

　지나치게 상업적인 마케팅의 환경에 이미 노출되어 버린 요즘 젊은 사람들은 빠르고 역동적인 마케팅 문화에 익숙해져 있다. 하지만 인간이 누리는 본연의 활동이 사라지면서 정신적으로는 지쳐있는 사람들이 많아졌다. 사회 전반에 인간주의 마케팅이 최근 들어서 다시 떠오르는 이유를 살펴보아야 한다.

> { 고객이 구매하도록 만들지 말고
> 구매를 통해 고객이 변하도록 만들어라 }

밀어내기식 마케팅은
한순간에 무너진다

마케팅에서 전해지는 법칙 중의 하나는 Push하는 밀어내기 전략이 있다. 고객으로 제품을 밀어내는 것이다. 마케팅 비용에서 우위를 점할 수가 있고 재고를 통해서 경쟁사를 방어할 수 있기 때문에 기업에서는 매우 유용하게 활용하고 있다.

특히 기업에서는 경쟁적으로 밀어내야만 매출이 단기간에 올라갈 수 있기 때문이다. 이런 이유로 대다수 제조업체들은 고객에게 제품이 전달되는데 있어서 Push전략을 활용하고 있다.

최근에 음료, 주류 업체들의 밀어내기 관행으로 인해서 그간 쌓아온 신뢰가 완전히 무너지는 사태를 경험했다. 그간 고질적으로 이어져 온 밀어내기는 마케팅 이론에서도 가장 강력한 마케팅이론으로 자리 잡아 왔었다.

대부분의 기업들은 밀어내기를 한다. 제조업체는 대리점이나 가맹점으로 밀어내기를 하고, 대리점은 다시 영세슈퍼에게 밀어내기를 한다. 대형마트는 제조업체에게 밀어내기를 한다. 이런 관행은 갑과 을

이라는 관계가 성립되어 있기 때문에 가능하다. 우리 사회에 대부분 자리 잡고 있는 갑과 을의 관계가 제품의 매출에 상당한 영향을 주고 있기 때문에 마케팅 방식으로서도 통용이 되어 왔다.

물론 우리 사회에서 갑과 을이라는 구조적인 관계를 없애기에는 자본주의 사회에서는 불가능한 구조라고 본다. 하지만 그간 마케팅 영역에서 가장 강력한 수단으로 자리 잡은 밀어내기식 방법은 이제 더 이상 고객들로부터 신뢰를 얻을 수 없다는데 한계가 왔다.

제품을 얼마나 정직하게 판매하고 있는지까지 고객들은 모니터링하고 있기 때문이다. 과거에는 제품을 정직하게 만드는 것에 초점이 맞추어져 있었지만 이제는 판매되는 과정까지도 고객들은 제품 구매의 기준으로 삼고 있다. 마케팅의 윤리적인 기준이 엄격해지지 않으면 앞으로 고객들로부터 신뢰를 얻기 어려워진다는 사실을 알아야 한다.

업체와의 관계를 앞세운 거래 관행은 마케팅 영역에서는 이제 더 이상 전략으로 활용되기 어려운 시대라고 본다. 지금까지 수많은 업체들이 사용되어 온 마케팅 관행이 무너질 수 있다는 것을 시사한다. 그래서 더욱더 전략적인 마케팅 능력과 차별화된 마케팅 기법이 요구되고 있다.

{ 팔기 위해 밀어내는 영업의 최종 피해자는 고객이다 }

마케팅과 영업의
관계는 공생관계다

마케팅을 이야기할 때 영업은 아무나 할 수 있다는 착각을 버려야 한다. 영업은 그야말로 설득의 전문성을 가져야 한다. 신입사원을 선발할 때 마케팅은 전문성을 고려해야 된다는 생각이 강하지만 영업은 몸 건강하면 된다는 사고에 사로잡혀 있는 것이 오늘날 기업의 현실이다.

하지만 영업은 그야말로 고객을 설득하는 최고의 전문성을 가져야 한다. 고객이 무엇을 원하는지, 고객을 설득하지 못하면 제품은 판매되지 못한다.

아무리 뛰어난 마케팅을 펼친다 해도 영업의 전문성 없이는 고객까지 마케팅력이 발휘되기가 어렵다. 밀어내기식 영업 관행이 되는 이유는 바로 설득이 아닌 갑이라는 관행에 의해서 제품을 팔려는 마인드가 강하기 때문이다. 제조업체들은 영업이 마케팅 영역에 포함되어 있는 더 큰 영역이라고 생각한다.

하지만 이는 잘못된 생각이다. 마케팅과 영업은 크게 보면 분야가 다르다. 기업 입장에서는 영업의 역할이 오히려 마케팅보다 더 높을 수가 있다. 마케팅에서 기획한 것들을 영업에서 실행하기 때문에 마케팅 영역에 영업이 포함된다는 생각을 가진다. 물론 제품을 판매하는 같은 역할이 마케팅에도 있는 것이지만 실제로 영업은 마케팅과는 다른 역할이 있다. 하지만 고객을 설득하고 대응하는 전반적인 고객 마케팅 영역이 영업 안에 포괄하고 있다는 것을 잊고 있다.

제조업체는 목표달성에만 치우쳐 고객만족은 뒷전으로 생각하는 사례가 빈번해지고 있다. 그런 이유는 영업은 그냥 누구나 할 수 있다는 전문성을 상실한 채 목표 채우기에 급급한 역할이 주어지기 때문이다.

고객의 가치를 창출하는 역할은 마케팅의 전략이 아닌 영업사원의 행동에서 나온다. 영업사원은 회사의 최고 마케터나 마찬가지다. 그래서 뛰어난 마케팅을 펼치는 대다수 기업들은 영업의 경험을 필수로 거쳐야 한다. 그리고 영업사원 한명 한명이 마케터로 육성되어 있다.

미국에서는 영업사원이 마케터로서 최고의 대우를 받는다. 국내에서도 영업의 비중이 갈수록 증대되고 있는 가운데 마케팅보다는 영업의 경쟁력이 점점 강해지고 있다.

앞으로 최고의 마케터가 되기 위해서는 영업부서에서 몇 년간 경험을 하는 것이 좋다. 실제로 마케팅 기획 단계에서 알지 못하는 고객, 제품, 매출 흐름을 이해할 수 있기 때문이다.

영업은 그냥 물건을 파는 행위만 하는 것이 절대로 아니다. 고객과 직접적으로 밀접하게 관계되는 마케팅 활동을 수행하고 있는 것이다.

> 최고의 마케팅은 영업을 필요 없도록 만드는 것이고
> 최고의 영업은 마케팅을 필요 없도록 만드는 것이다

최적화된 마케팅의 레시피를 활용해라

고객Customer과 소비자Consumer란 무엇인가?

마케팅에서는 고객과 소비자에 대한 의미를 정확하게 이해해야 한다. 고객은 제품을 선택하거나 구매할 수 있는 광범위한 대상을 의미한다. 이에 비해서 소비자는 최종적으로 제품을 구매하는 사람으로 이해를 하면 된다.

가령, 회사에서 제품이 납품되면 모든 사람들은 고객이 된다. 고객의 종류에는 납품사원도 있을 것이고, 유통업체 직원들도 있을 것이다. 이들 모두가 회사입장에서 고객이다. 하지만 최종적으로 제품을 구매해서 사용하는 사람은 소비자가 된다.

이처럼 고객과 소비자는 영역이 좀 다르기 때문에 회사에서 판단을 할 때 그에 맞는 마케팅의 범위를 정해서 시도해야 한다.

진정으로 소비자가 원하는 것을 얻기 위해서는 소비자 조사가 필요하다. 흔히 고객 조사를 소비자 조사로 혼동을 해서 잘못된 제품이 개발되기도 한다. 유통업체의 직원이 원하는 제품과 최종 소비자가 원하는 제품의 영역은 다른 것이다.

소비자는 우리의 물건을 구매하는 고객보다 더 구체적인 대상이다. 마케팅에서는 최종 소비자를 대상으로 시장조사를 통해서 제품을 개발해야 한다.

흔히 소비자는 원하는 것과 필요한 것이 있다. 우리는 흔히 필요한 것에만 관심을 가지고 제품을 선보인다. 퇴근 후에 식사를 한다는 것은 식사의 필요성에 대한 인식이다. 그 필요함에 인식해서 밥을 사먹는다.

하지만 메뉴를 원하는 것은 고객들마다 취향과 성향이 다르다. 어떤 사람은 김치찌개를 원하고, 어떤 사람은 갈비탕을 원한다. 원하는 것은 인간이 가지고 있는 욕구에 따라서 달라진다. 그래서 마케팅에서는 욕구에 대한 조사를 통해서 제품을 개발한다.

그런데 소비자 조사에 소홀히 하는 대다수의 기업들은 소비자의 욕구에 무관심한 경우가 많다. 대다수 고객 조사를 통해서 구태여 소비자의 영역을 나누지 못하는 경우가 많다.

필요성을 인식해서 고객들에게 적합한 제품을 선보이면 고객들은 따라온다는 생각을 가지기 때문이다. 대다수 출시된 제품들을 고객들이 외면하는 이유 중에 하나는 고객의 요구에 맞는 제품이 없기 때문이다.

물론 고객의 욕구 수준을 파악한다는 것은 매우 어려운 일이다. 늘 고객들은 변하고 있기 때문이다. 가치관과 라이프스타일, 소득수준, 삶의 환경 등이 변화되면서 고객들은 새로운 욕구들이 생겨난다.

유행이 창출되는 것은 고객들의 수요에 대한 마케팅조사가 철저한 업체들이 빠르게 제품을 개발하기 때문이다. 유행은 실제로 고객들이 창출하는 것이다. 고객들이 원하는 제품과 스타일에 대해서 세부적인 조사가 이뤄져서 고객에게 맞는 제품들이 인기를 얻는 것이다.

고객의 가치는
왜 중요한가?

고객만족, 고객가치, 고객 제일주의 등 수많은 수식어로 고객을 위한 경영 방침을 정한다. 그런데 실제로 고객이 왜 중요한지를 제대로 인식하지는 못한다. 고객은 우리의 제품을 구매해 주어 수익을 발생시켜 주기 때문으로 인식하는 정도다.

고객은 향후 우리에게 어떠한 가치를 주는지를 생각해야 한다. 지금 제품 하나를 구매할 경우 고객은 평생토록 얼마나 많은 제품을 구매해 줄 것인지를 파악해 보라.

그리고 그러한 고객들이 모이면 더 큰 고객들이 우리 제품을 구매해 줄 수 있는 힘이 된다. 고객이 가지고 있는 가치는 현재의 가치로 판단해서는 안 된다. 구매고객층이 평생토록 고객이 될 수 있고 그 고객은 회사에 엄청난 영향력을 제공해 준다는 것을 잊지 말아야 한다.

어릴 때 먹었던 맛있는 과제나 아이스크림을 기억해 보라. 어른이 되서도 그 맛을 잊을 수가 없어서 계속 구매를 하게 된다. 어린아이 한 명이 평생토록 그 제품을 구매하면 엄청난 매출이 발생된다. 결국은 지금은 구매력이 약하겠지만 아이들은 소중한 잠재 고객이 될 수 있다. 어린아이를 대상으로 하는 마케팅이 왜 중요한지를 판단해 볼 수 있을 것이다.

고객의 가치를 창출하기 위해서는 고객을 세심하게 관찰하는 노력이 필요하다. 고객이 지금 어떤 것에 관심을 가지고 있는지, 어떤 것에서 불편함을 느끼는지, 향후 어떤 것에서 즐거움을 찾고자 하는지 등을 파악해야만 고객에게 맞는 가치들을 찾을 수가 있다.

고객이 휴대폰을 사용하고 있는데 얼마나 자주 교체를 하고 있고 얼마나 자주 어플을 다운받고 어떤 어플을 설치하는지에 대해서 파악해 본다면 이 고객이 향후 제품을 구매할 수 있는 가치는 얼마나 될 수 있는지를 파악할 수가 있다.

과거에서부터 이어져 온 구매패턴을 분석해 보면 1명의 고객은 향후에 연관된 산업 내에서 얼마만큼 구매를 할 것인지에 대한 추정이 된다. 고객의 가치 창출은 단지 제품을 판매하는데 그치는 것이 아니라 구매 고객이 평생토록 어떤 제품을 구매할 것이고 제품의 브랜드를 인지하여 평생고객으로 만들 수 있는 노력이 필요한 것이다.

> 향후 매출을 지속 창출시키는 잠재된 고객의 능력을 이해하면
> 고객이 왜 중요한지 알 것이다

마케팅에서
Segmentation이란?

마케팅에서는 시장 세분화Segmentation이라는 말을 수없이 한다. Segmentation은 시장을 쪼개라는 의미인데 흔히 세분화라고 표현한다. 쉽게 이해를 하자면 Segmentation은 원하는 사람에게 적합한 제품을 구입할 수 있도록 만들어 주는 프로세스라고 이해하면 쉽다.

만약, 칫솔을 판매한다고 가정한다면 성인, 청소년, 어린아이 등 다양한 연령대로 구매고객층을 구분할 수 있다. 또 성인 중에서도 중년 남성, 여성, 노인층 등으로 구분할 수 있고 또한 이가 좋지 않은 고객, 이가 좋은 고객으로도 구분이 가능하다. 이가 좋지 않은 고객 중에서도 완전히 이가 빠진 고객, 이가 몇 개가 있는 고객, 틀니를 사용하는 고객층으로 구분할 수 있다. 시장을 확대하기 위해서 수요자를 중심으로 구매층을 구분하는 것을 쉽게 말하면 Segmentation이라고 한다.

그렇다면 왜 Segmentation은 중요한 것일까? 우선, 제품은 고객이 구매하기까지 다양한 경로를 거친다. 그 경로가 잘못되거나 전혀 엉뚱한 고객에게 판매를 시도한다면 팔리지 않을 가능성이 크다. 같은 고객층이라고 해도 구매 고객 속에는 다양한 구매층들이 섞여져 있기 때문에 세분화를 통해서 구매고객의 판매 욕구를 증대시키게 된다.

시장에서는 Segmentation을 통해서 고객에게 원하는 제품을 적시에 판매할 수 있는 구조를 만들 수가 있다. 판매할 수 있는 고객에 대하여 목표를 정확하게 세팅을 하면 그만큼 고객에게 어필할 수 있는 기회가 많아지게 된다. 기존의 고객을 새롭게 창출해 나가는 전략은 Segmentation이 필요하다. 초기에는 기존 고객 위주로 구매자가 형성되지만 시간이 점차 지나면서 새로운 고객의 유형을 확보해야 한다. 그래서 Segmentation은 신규고객을 유치하고 더 많은 고객들이 제품을 사용하도록 유도할 수 있는 기회를 제공한다.

Segmentation을 하지 않고 제품을 확산할 경우에는 어느 곳의 고객이 수요가 있는지 파악하기도 어렵고 확산의 집중도가 떨어져서 시간이 오래 걸리게 된다.

초기부터 Segmentation을 정확하게 파악해서 제품 확산을 펼쳐 나가면 기존 고객들의 수요가 포화되어 있을 때 새로운 고객들을 수월하게 유치할 수 있는 장점이 있다.

Market Segmentation
전략이란 무엇인가?

구매 고객들이 가지고 있는 고객층은 시장을 확보하기 이전에 형성된 고객층이 많다. 기존에 가지고 있는 제품을 재구매하거나 새로운 제품을 구매하는 고객층일 수 있다. 기업들이 얼마나 오랫동안 매출을 유지할 수 있는지에 대한 전략을 나누는 것이다. 시장을 세분화한다는 것은 그만큼 기존의 영역을 쪼개서 더 많은 고객들에게 제품을 선보인다는 것이다.

그러기 위해서는 고객층에 맞는 제품을 디자인해야 하고 제품을 출시해야 한다. 시장을 세분화 하는 것은 기존 시장이 정체되어 있거나 지금 현재의 사업 자체가 영역에서 제한을 받거나 하는 전략적 시장을 확대하려는 방법 중에 한가지다. 시장세분화는 제품이 가지고 있는 목표점에 대해서 좀 더 다양화하면서 시장의 매력도를 높이는 노력을 해야만 한다.

시장세분화의 목표점은 구매고객층을 넓히는 것이다. 고객들의 구매력을 높이기 위해서 다양한 측면에서 고객층이 저변으로 확대될 수 있도록 노력해야 할 것이다. 고객들이 가지고 있는 시장의 장점을 최대한 확대하려는 노력이 뒷받침되지 않으면 시장은 넓혀지지 않는다.

STP의 전략에서 시장은 확대될 수 있는데 그중에 중요한 것이 시장세분화 전략이다. 방향제의 경우 기존에는 차량용, 사무실용, 가정용으로 세분화하여 판매하는 경우이다. 방향제가 처음 도입되었을 때 냄새를 제거하는 용도로 가정에서 주로 사용을 하였다.

하지만 시장을 좀 더 세분화하여 차량, 사무실 등 다양한 공간적 환경을 확대하여 매출향상에 도움을 주었다. 방향제를 옷에 넣어두는 탈취제 용도였다면 아마도 시장에서는 그만큼 수요가 늘어나지 않았을 것이다.

고객들이 시장을 세분화하기 위해서는 시장에 가지고 있는 틈새시장을 잘 공략해야 한다. 시장의 틈새 여건을 확보하지 못하면 그만큼 시장에서는 확실한 시장세분화를 구축하기가 어렵기 때문이다.

마켓 시장 세분화 전략은 구매 고객층을 분석하여 고객을 확대하는 역할을 한다. 정확하게 자신의 제품을 판매할 경로를 정의하는 것은 마케팅 전략에서 가장 중요하기 때문이다. 어디에 놓고 팔아야 될지를 알고, 목표물을 정의하고 제품을 고객에게 연상시키는 STP 전략은 마케팅의 가장 핵심 경쟁력이라고 해석한다.

> { 시장 세분화 전략은 제품을 어디에서 팔아야 할지를
> 정의하는 가장 중요한 결정수단이다. }

Market Segmentation을
잘하려면?

1920년대의 GM은 다양한 종류의 자동차를 생산하면서 포드사로부터 1위를 빼앗았다. 시장세분화는 다양한 소비자의 수요에 부응하여 상품기획과 차별적인 판매방식을 도입한 분석에서 시작한다.

시장세분화에 대한 여러 가지 프로세스는 마케팅 측면에서 나양한 변화를 만들어 낸다. 프로세스의 제품 특화적 측면에서 마케팅은 세분화segmentation로부터 시작된다. 세분화 된 시장은 인구통계, 지역, 산업영향 등 다양한 변수가 있다. 마케팅을 처음 접하는 사람들은 세분화에 대한 개념적 이해가 우선 필요하다.

우리는 쪼개는 의미의 세분화를 중요하게 생각하지만 단지 세분화는 쪼개는데 의미가 있는 것은 아니다.

시장을 쪼개면서 어떤 기준으로 시장을 단순화 시키느냐의 문제가 된다. 또한 시장을 쪼개면서 비용이 수반되기 때문에 단순히 쪼개는 문제는 비용 우위에서 전략을 실행하는 수단이 될 수가 있다. 시장세분화에 대해서 마케팅적 의미의 판매 전략이 우선 수립되어야 한다.

시장을 세부적으로 나누는 것은 지속적인 수익창출이 실현되어야만 가능하다. 시장을 나누는 것은 좋아하는 유형에 따라서 구분할 수가 있다. 시장에서 필요로 하는 속성에 대한 분석이 무엇보다 중요하다. 기능을 중요시하는가? 편리를 중요시하는가? 감성적인 것인가? 이성적인 것인가? 등등의 분석이 필요하다.

소비자는 일정한 제품을 정기적으로 구매하는 습성이 있다. 그 구매주기를 지속적으로 분석해 보면 제품의 구매습관을 파악함으로써 비슷한 유형의 사람들에게 적용함으로써 세분화할 수 있다. 또한 제품에 따라서 취향에 따라서도 달라진다.

어떤 사람들은 제품의 수요도가 높기 때문에 다양한 측면에서 시장 경쟁을 발생시킨다. 시장을 세분화하는 측면에서 시장을 세분화해야만 지속적인 성과가 창출되기 때문에 기업들은 매력적인 측면이 있다.

하지만 시장 세분화는 그만큼 경쟁적인 요소를 발생시키지 못한 채 지속적인 매출의 확대에만 급급하다 보면 시장을 세분화하는데 한계점이 다가온다. 이 한계점을 극복하는 것이 시장세분화에서는 매우 중요한 포인트가 된다.

{ 마켓 세분화를 잘하는 길은
단기적인 매출확대보다 장기적인 판매경로를 확보하는 것이다 }

포지셔닝이란 무엇인가?

포지셔닝이란 브랜드나 회사가 고객들로 하여금 어떤 위치에서 인식되고 있느냐를 밝히는 것이다. 가령, 현대자동차의 에쿠스는 고객들로 하여금 중후한 멋에 어울리는 차로 인식되어 있고, 경차는 실속 구매자들이 합리적인 소비를 하기 위한 차로 인정하고 있다. 이렇듯 포지셔닝은 고객이 어떤 상태로 자리 잡고 있느냐의 문제다.

박카스는 고객들에게 어떤 포지셔닝으로 자리잡고 있는가? 박카스와 비타 500의 경우에는 서로 다른 인식이 존재한다. 제품마다 고객들이 느껴지는 인식들이 다른데 이런 고객들의 인식을 정리해서 표현하는 것을 포지셔닝이라고 할 수 있다.

라면 시장에서 컵라면은 고객들로 하여금 편리하고 빨리 먹을 수 있는 제품으로 인식되어 있는데 고급스러운 컵라면으로 제품영역을 확대하는 측면은 마케팅 포지셔닝 차원에서 맞지가 않는 것이다. 이렇듯 고객들이 인식하고 있는 시장에서 새로운 제품 인식으로 옮기기 위해서는 그에 맞는 제품을 포지셔닝 해야 한다.

포지셔닝은 고객들에게 접근 가능한 유통구조를 갖추어야 하고, 디자인, 광고, 내용물 등의 전체적인 컨셉도 고객들이 인지하는 수준으로 바꾸어야 한다. 마케팅 전략에서는 포지셔닝이 매우 중요하다. 그만큼 포지셔닝을 하기 위해서는 다양한 것들이 마케팅 믹스로 결합되어야만 가능하기 때문이다.

인위적인 포지셔닝은 고객들에게 반감을 불러일으킨다. 그만큼 제품에 대해서 고객들이 포지셔닝 할 수 있는 환경과 여건을 제공해 주어야만 고객들은 제품에 대해서 이미지를 떠오르게 된다.

기업에서는 적합한 제품의 형태나 가격, 유형들로 구분하여 포지셔닝하여 새로운 고객층의 수요를 창출하는데 노력한다. 신제품을 출시했는데 기존 제품과 겹치는 이미지로 포지셔닝 하거나 전혀 엉뚱한 제품 이미지로 포지셔닝하게 되면 매출의 증대가 발생하지 못한다. 어떤 제품으로 포지셔닝 할 것인지를 명확하게 파악하고 그에 맞는 제품을 개발하여 고객들이 기존 제품과 혼돈되지 않는 제품으로 포지셔닝하는 전략이 중요하다.

가령, 고급스러운 제품 이미지를 추구하는 회사의 제품의 브랜드를 저가의 브랜드 제품으로 포지셔닝하는 방법은 그리 좋은 방법이 아니다. 이미 고가로 인식된 브랜드 제품을 고객들이 인식하고 있는데 알려져 있다는 이유로 저가의 브랜드로 다시 판매를 한다면 고객은 혼란스러울 것이기 때문이다.

필요로 하는 제품에 대해서 어떤 포지셔닝으로 마케팅을 구축해야 할지는 매우 민감하고 중요한 부분이다. 자칫 기존 제품의 이미지마저 고객들이 좋지 않게 볼 수도 있기 때문이다.

최적의 마케팅 믹스는
무엇인가?

　마케팅 믹스는 마케팅을 효과적으로 수행하기 위해서 최적으로 실행하는 방법이다. 마케팅은 모두가 동일한 효과를 볼 수는 없다. 그래서 마케팅의 성과를 올리기 위해서는 적절한 제품, 장소, 프로모션, 가격 능이 필요하다. 그것들을 소합해서 하나의 최적화된 마게팅 계획을 수립하는 것을 마케팅 믹스라고 한다.

　제품을 언제, 어디서, 어떤 가격으로 판매해야할지 그리고 어떤 프로모션을 해야 될지를 정하는 것은 마케팅에서 가장 중요한 요소 중에 한가지다.

　실제로 제품이 시중에 나와서 판매까지의 경로를 계획한다면 어떤 방식으로 판매를 해야만 높은 소득을 얻을 수 있을지를 고민하는 영역을 마케팅 믹스라고 한다.

　마케팅 믹스는 시장을 어떻게 공략하는지에 대해서 전략을 짜도록 도와주는 도구들이다. 흔히들 마케팅을 효율적으로 운영하기 위한 전략이라고 이해하기도 한다.

마케팅 믹스에는 고객에게 제공되는 제품, 가격, 서비스, 프로모션 등 다양한 것들이 제공된다. 마케팅은 어떻게 하면 시장에서 경쟁자보다 우위를 점할 수 있는지에 대한 전략적 사고를 요구한다. 그런 전략들은 도구들을 필요로 하고 적절한 방법으로 운영되어야만 효과적인 성과를 창출할 수가 있다.

마케팅 믹스는 흔히 제품, 가격, 유통, 촉진이라는 4P로 구성되어 있다. 최소의 비용으로 최대로 목표하는 바를 얻기 위해서는 어떻게 해야 할지를 고민해야 한다.

동일한 제품이더라도 지역에 따라서 구매하는 가격이 달리 매겨지기도 한다. 비용 우위를 확보하기 위해서 제품의 유통라인을 제한하기도 한다. 매장 방문의 숫자에 따라서 프로모션을 확대하거나 줄이는 마케팅을 적절하게 펼쳐내야 한다.

최근에는 다양한 마케팅 믹스들이 존재하고 있고 넓혀지고 있다. 가격 하나만 보더라도 고객에게 가격으로 제품을 만족스럽게 하는 시대는 지났다. 가격 이외에 고객들은 어떠한 이익을 원하는지를 고민해야 한다. 최근에는 구매할 때마다 포인트가 쌓이는 적립 포인트 카드를 마케팅을 활용하고 있다.

배송을 해주는 것도 가격적인 이외에 고객들이 원하는 부분일 것이다. 최신 유행하는 휴대폰을 구매할 때 카드사의 적립 포인트로 선구매를 하노록 하는 제도라든지 고객늘은 가격 이외에 더 큰 만족감을 얻고자 하기 때문에 다양한 마케팅 믹스들을 개발해 내는 전략이 필요하다. 마케팅 믹스 중에서 제품과 가격에 대해서 좀 더 상세히 살펴보겠다.

Ⓢ 마케팅 믹스 – 제품

마케팅 믹스는 마케팅의 목표를 최소의 비용으로 최적의 효과를 거두기 위한 방안으로 설계하는 것이다. 그래서 마케팅 믹스의 가장 첫 번째로 활용되는 것이 제품이며 고객에게 만족스러운 제품을 개발하여 제공해야 되는 의미를 담고 있다. 제품에서는 다양한 성질, 서비스, 고객만족, 제품의 제공가치 등이 담겨져야 한다.

고객이 원하는 제품은 몇 가지로 구분할 수 있다. 고객이 실제로 실용적으로 원하는 제품, 고객의 요구보다 확장해서 제공해 줄 수 있는 제품, 고객이 원하는 핵심적인 제품이다.

고객은 제품이 담고 있는 기능적인 부분보다도 고객이 얻고자 하는 가치를 희망한다. 단순한 기능에 국한된 제품의 만족감보다도 고객을 스스로 행복하게 만들어 주는 가치를 담고 있어야 한다.

고객이 실용적으로 원하는 제품은 고객들이 최초에 욕구를 가지고 찾았던 제품이라고 볼 수 있다. 면도기를 원했다면 면도기라는 제품을 선택하면서 그 범주 안에서 최적의 제품을 원하는 것을 알 수 있다.

고객의 요구에 확장해서 제공하는 제품은 고객이 면도기라는 제품을 선택하면 쉐이빙, 비누, 칫솔 같은 영역의 세면도구들로 확장하는 것을 의미한다. 한 가지 제품을 선택하면 그에 따른 연관 제품, 관련 제품에 대한 구매 욕구가 증가되기 때문에 제품의 확장성에 대해서 고객들에게 제공해 주어야 한다.

고객이 원하는 핵심제품은 고객이 면도기라는 제품을 선택하려고 한다면 본인이 사용하던 면도기 제품의 브랜드를 포함한 제품을 의미한다.

제품의 선택은 고객이 하지만 고객들이 제품을 선택하는 다양한 욕구사항들이 반영되어 있기 때문에 제품에 맞는 마케팅 믹스가 필요한 것이다.

제품은 고객이 추구하는 목적에 맞게 설계가 되어야 한다. 가령, 제품이 다양한 기능을 가지고 있는 복합형 전화기의 기능을 갖추었더라도 고객은 전화기에 대해서 통화를 하고자 하는 욕구로 활용하고 싶어 할 것이다. 고객에게 맞게 설계된 제품의 기능이 제품의 목적에 벗어나서 설계되면 고객들은 불편함을 호소할 것이다.

💲 마케팅 믹스 – 가격

마케팅에서 가격을 결정하는 것은 매우 중요한 의미를 담고 있다. 제품이 적절한 가격이라는 인식이 들어야만 고객은 구매할 것이고 제품에 대한 가치를 인정할 것이다. 만약 제품대비 터무니없는 가격을 책정했다면 제품의 가치가 하락하여 구매력이 떨어지게 된다. 그래서 제품 가격은 제품이 가진 가치대비 너무 높아도 안 되고 낮아도 안 된다. 제품에 딱 맞는 가격을 결정해야 한다.

마케팅에서 가격전략을 수립하는 것은 그만큼 제품이 담고 있는 가치를 효과적으로 담아내야 하기 때문에 어려운 과정이다.

제품의 가격은 제품의 가치만 판단되는 것이 아니라 무형의 가치들까지도 반영을 하는 것으로 고객들이 지불하는 가격은 제품에 포함되는 전체 영역을 표현하는 것으로 볼 수 있다.

코틀러는 가격에 대한 제시 방법을 여러 가지 기준으로 구분하여 설명하였다.

첫째는 고객들에게 권장행동에 대한 가격을 지킴으로써 가격의 이익을 증시시켜 주는 것이다. 가령, 제품의 정품을 이용하면 얼마만큼의 가격적인 이익을 제공해주는 것이다.

둘째는 권장 행동에 대해서 비금전적인 혜택을 증대시켜주는 것이다. 가령, 정품 소프트웨어를 구입하는 사람들에게 홍보나 칭찬을 해주는 것이다.

셋째는 권장행동에 대해서 고객들이 지불하는 금액을 할인해 주는 것이다.

넷째는 권장행동에 대해서 비금전적 행동을 줄여주는 것이다. 가령, 정품 소프트웨어를 구입하려고 하는 사람들에게 정품 소프트웨어의 가치를 알려주고 그에 맞는 소프트웨어를 소개시켜주는 것이다.

고객에게 제시 되는 가격의 조건에는 몇 가지 원칙이 주어진다.

첫째, 고객이 선택한 제품에 대해서 가격적인 이익이 느껴지도록 해주어야 한다. 고객이 지불하는 가격은 지금의 조건에서 최선의 선택이었음을 느끼게 해주어야 한다. 가령, 가격을 확실하게 고객이 인지하고 있는 제품들에 대해서는 기준에 맞는 가격을 제시해야 한다. 지나치게 높게 가격이 제시되거나 낮게 제시 해서는 안 된다.

둘째, 고객이 제품을 얻을 때 기회비용에 대해서 고려하도록 해주어야 한다. 고객이 현재 아무것도 없는 무인도에 있다고 한다면 제품이 주는 가격보다도 제품을 얻을 수 있다는 기쁨이 더 클 것이다. 산꼭대기의 정상에서 제품을 판매할 경우 더 비싸게 판매하는 것은 그만큼 제품을 구하기 어렵기 때문이다.

🅢 마케팅 믹스 – 프로모션

프로모션은 제품을 구입할 수 있는 새로운 기회를 제공해 준다. 프로모션에 따라서 고객들이 제품을 알 수 있는 기회가 되고 프로모션에 의해서 고객들의 반응을 알 수 있기 때문에 제품의 가치뿐만 아니라 매출의 향상에 큰 도움을 줄 수가 있다.

하지만 프로모션은 단기적인 효과를 발휘하지만 제품의 경쟁력, 구매고객들의 심리적 요인에서 지속적인 거래를 위해서는 효과적인 프로모션의 전략이 필요하다. 고객들이 갖추고 있는 제품의 기술적 우위를 확대할 수 있는 측면에서 프로모션이 필요하며 지나친 가격행사 중심의 프로모션은 자칫 고객의 구매력을 떨어트릴 수도 있는 부분이 있다.

이벤트 프로모션 같은 경우에는 고객들이 받아들이는 가격 경쟁력을 우선시하지만 제품이 갖추고 있는 품질 측면에서는 고객들의 성과보상이 낮아지는 원인이 있다.

적절한 보상과 혜택의 제공을 위해서는 쿠폰제공, 가격할인, 마일리지 적립 등을 통한 경쟁력 강화가 필수적으로 필요하다.

고객들이 받아들이는 보상의 측면에서는 다양한 경쟁력을 갖추고 고객들이 제품 위주의 전략을 받아들이는 노력이 필수적으로 필요하리라 본다.

신규고객이나 기존고객의 인지도를 강화하기 위해서는 고객 충성도를 확대해야 한다. 고객들은 시험구매를 하지만 이후 제품의 서비스와 품질에서 고객들이 느끼는 전략적 선택을 어렵게 만들어서는 안 된다. 반드시 고객들의 반응을 유도하는 전략을 만들어야 하며 고객 커뮤니케이션 활동이 이뤄지는 전략을 구축해야 한다.

💲 마케팅 믹스 – 유통

간혹 마케팅 공부를 하다 보면 이런 질문을 한다. "마케팅을 잘하면 되지 유통이 무슨 필요가 있나요? 유통이 왜 중요한가요?"

유통을 흔히 상품·화폐·유가증권 등이 생산자에서 소비자에게 전달하기까지의 과정으로 정의한다. 유통은 제품이 판매되기까지의 흐름을 의미한다. 제품이 고객에게 보내지는 과정으로 판매활동에서 주로 이루어지는 것을 의미한다.

유통은 마케팅 영역보다 매우 정교하며 시스템화 되어 있는 영역이다. 유통을 얼마만큼 장악하고 있느냐에 따라서 제품의 판매 확산의 속도가 달라지기 때문에 기업들은 유통의 힘을 무시할 수 없는 부분으로 해석한다.

유통을 이해하지 않고서 마케팅을 시도할 수가 없다. 아무리 좋은 제품이 나와도 유통망이 구성되어 있지 못하면 판매하기가 쉽지 않다. 고객들은 물건을 주로 어디에서 사는지 살펴보라. 최종 고객들은 물건을 쉽고 빠르게 구매하길 원한다. 물건의 진열이 많아야 되고 판매처가 그만큼 많아야만 고객들은 인지효과가 높아지게 된다.

유통마케팅은 곧 고객을 확보하는 가장 강력한 수단이다. 인터넷망이 보편화 되고 스마트폰이 활성화되면서 모바일 시장이 뜨겁다. 모바일 시장에서도 유통을 선점하고자 하는 기업들이 너도나도 뛰어들고 있다.

마케팅은 2차적인 문제로 부각할 수밖에 없다. 아무리 마케팅의 활용력이 뛰어나더라도 유통마케팅을 잡지 못하면 무용지물이 되기 때문이다. 고객들에게 먼저 선보이고 고객들의 반응이 좋지 못하다면 바로 철수하는 시장이 바로 유통마케팅 시장이다. 높은 비용을 지불하면서 고객들에게 물건을 빠르게 선보이는 이유가 바로 비용우위의 마케팅 전략 때문이다.

천천히 고객들의 반응을 살펴보면 그만큼 제품을 만들어 내는 비용이 올라가기 때문에 고객들의 반응은 그만큼 초기에 판단을 잘해야 한다.

그래서 많은 기업들이 유통비용을 감축하고 전문화된 유통업체들에게 비용을 지불하고 고객들에게 판매하는 것이다. 대다수 기업들은 제품이 출시되면 일반 고객들에게 직접 판매하기를 원한다. 그래야만 마진을 많이 남게 되고, 고객들에게 브랜드를 알릴 수 있기 때문이다. 그런데 일반 고객들에게 제품을 판매하기 위해서는 높은 유통비용을 지불해야 한다.

신제품의 성공을 확신하지 못하는 상태에서 높은 유통망 구축 비용까지 지불하면서 유통을 직접 하는 회사는 드물다. 일반 기업들이 유통망을 직접 하지 않는 이유는 바로 높은 비용도 중요한 부분이지만 무엇보다도 신제품의 성공 여부를 잘 판단하지 못하기 때문에 리스크를 안고 가기 어렵기 때문이다. 그래서 초기에는 이미 구축되어 있는 유통망을 활용해서 제품을 판매하게 된다.

그런데 손실이 나면서까지 왜 대형마트나 기존 유통망에 물건을 판매할까? 그것은 제품을 직간접적으로 고객들에게 알릴 수 있는 기회라서 그렇다.

광고비용을 쓴다는 생각을 하면 쉽게 이해가 될 것이다. 많은 소비자들에게 제품을 알릴 수 있는 방법은 직접적으로 고객들에게 보여주는 방법이 최고다. 그래서 대형마트의 높은 수수료를 고려해서 입점해도 그 비용적인 측면을 고려하여 지속적인 입점 활동을 하는 것이다. 바로 이것이 보이지 않는 유통마케팅인 것이다.

> { 마케팅 믹스는 어떤 재료로, 어떤 장소에서, 어떤 양념으로
> 최적의 음식을 만들 것인지 계획하는 것이다 }

파리는 어떻게
공간 마케팅을 창조했을까?

세계 최고의 여행지 파리는 정말로 감미롭다. 파리의 모든 것들은 마치 소중하고 가치 있는 것들로 느껴진다. 이에 비해서 서울은 빽빽한 빌딩 숲과 아파트들이 한강 앞을 차지하고 있어서 프랑스와는 다른 느낌이 든다. 왜 그럴까?

그것은 건물을 짓는 사람들이 경제성을 따지기 때문이다. 건물은 단지 필요한 목적을 달성하기 위해서 짓는다는 생각이 지배적이다. 하지만 공간은 마케팅을 제공한다. 특별한 공간의 디자인은 판매와 직결이 된다. 핸드백, 가방, 의류 등의 좋은 디자인은 고객들로부터 매력적인 제품으로 인식될 수 있다.

그런데 어느 곳에서 판매하느냐가 문제다. 명품에 어울릴 수 있는 공간에서 판매를 하느냐 시골장터에서 판매를 하느냐에 따라서 제품의 가치가 달라진다.

우리는 판매하는 공간의 중요성에 대해서 인식하지 못해왔다. 프랑스의 루이뷔통 본점을 방문하면 값이 비싸다는 인식을 하지 못한다. 그것은 건물이 매혹적이고 웅장한 멋스러움에 제품의 가치가 반영되어 있기 때문이다. 시장에서 경쟁력이 없는 공간은 사라지고 만다. 그만큼 시장의 경쟁력을 얻기 위한 공간의 경쟁력은 치열하고 냉정하다. 파리는 수많은 제품들의 진열장소로 표현된다. 거리의 상점들은 제품에 대한 브랜드를 홍보하기 위한 목적이 더 크다. 사람을 머물게 하는 공간은 브랜드 자체를 숙성시켜 준다. 그만큼 마케팅은 제품의 홍보효과도 중요하지만 제품과 맞는 공간의 배합이 더 중요한 역할을 한다.

과거에 공간을 활용한 마케팅에서는 시각적인 느낌을 중요시했다. 하지만 요즘은 시각보다도 기능과 디자인 측면을 더 중요하게 여긴다. 그래서 공간은 화려함보다는 편리함과 멋진 디자인이 함께 조화롭게 있어야만 구매의 효과가 증대된다. 공간은 많은 사람들을 방문토록 만든다.

스타벅스는 광고를 하지 않지만 고객들에게 특별한 스페이스 마케팅을 펼치고 있다. 인테리어를 통해서 고객들이 감성마케팅을 선보이고 있다. 스타벅스는 전체 직원 중에서 10%의 인원이 인테리어와 연관된 직무를 담당하고 있다. 이러한 이유는 인테리어가 스타벅스의 마케팅에서는 매우 중요한 역할을 하기 때문으로 해석된다.

공간을 새롭게 창조하는 마케팅은 우리에게 시사하는 바가 크다. 제품을 경쟁력 있게 판매하기 위해서는 고객의 요구에 맞는 공간을 필요로 한다. 꼭 멋스럽고 고급스러울 이유는 없다. 제품이 담긴 가치를 잘 반영시킬 수 있는 공간이면 충분할 것이다. 고객이 쉬고 싶고 가고 싶은 공간을 만들어 제공하는 마케팅은 분명히 새롭게 떠오르는 새로운 마케팅 전략이 될 것이다.

> 최고의 마케팅 전략은 찾아온 고객을
> 매장에서 오랫동안 머물도록 만드는 기술이다

마케팅의 맥을 알아야
전략이 나온다

현재는 고객의 환경을 무시하거나 지나칠 수 없는 환경에 처해 있다. 서비스업체를 비롯하여 은행, 증권, 도소매 유통업뿐만 아니라 그간 고객만족과는 거리가 먼 B2B 기업들까지도 고객만족을 외치고 있다. 특히 최근에는 고객만족을 넘어서 가치경쟁, 전략마케팅, 창조경제, 빅데이터 등에 관련된 이슈들이 쏟아져 나오고 있다. 이러한 관점에서 기업들은 마케팅에 대한 관심도가 뜨겁게 높아지고 있다.

최근에는 경영학을 전공하지 않은 비전공자들도 요즘 회사에서 마케팅 공부에 전념하고 있다. 요즘 같은 시기에는 필히 마케팅에 대해서 알아야 한다. 마케팅은 업무 영역이라고 생각하는 사람들이 많지만 실제로 마케팅은 업무영역이라기보다는 기업의 전체적인 프로세스 활동의 흐름이 된다. 기업이 신제품을 기획하는 단계부터 제품을 생산, 유통, 판매, 고객가치를 창출하는 단계까지 전 영역이 마케팅 영역이기 때문이다.

회사에서 마케팅은 사장과도 같다. 내가 판매하는 제품이 얼마나 수익을 내고 있는지를 알아야 하고 판매가 잘 될 수 있도록 전략을 짜야 한다.

당연히 회사의 오너는 마케팅 영역에 관심을 가장 많은 부분 가질 수밖에 없다. 그래서 기업에서는 마케팅의 영역을 이해하지 못하면 경영자로서의 성장이 어렵게 된다. 마케팅이 아닌 지원 부서에서만 성장해 온 회사원들은 마케팅 감각을 키우지 못하면 회사에서 성장하는데 문제가 된다.

그만큼 마케팅은 직장인들이 필수적으로 이해하고 알아야 하는 영역이다. 회사의 수익구조에 문제가 발생되거나 경영환경이 점점 어려워지고 있는 환경에서는 마케팅의 전문가가 더욱 필요하게 된다.

그런데 마케팅 전문가들은 자신들의 마케팅 전략에 대해서 체계적으로 설명하는데 어려움이 많았다. 기업환경에서 마케팅 전략을 해석하기도 어려웠고 원론적인 내용들이 대부분이어서 일반인들에게 쉽게 접근하는데 애로점이 많았다.

사회과학의 이론들을 실제로 이해하는데 까지는 엄청난 학습의 양이 필요하기 때문이다. 단순하게 이해하기 쉬운 원리를 찾는 것도 어려울 뿐만 아니라 대다수 알려진 이론들에 의존되는 경향이 너무도 많았기 때문에 다양한 마케팅 환경을 실제로 적용하는 사례로 설명하기에는 한계점이 많았기 때문이다.

한 가지 분명한 사실은 기업에서 전략을 짜거나 기획서를 만들기 위해서는 마케팅 관점이 되어야 한다. 기업은 사적인 영업행위를 하는 곳이기 때문에 마케팅 관점의 전략적 내용들이 들어있지 못하면 먼 나라 이야기로 들릴 수밖에 없다. 그만큼 기업은 시장을 이해하고 회사의 위치를 제대로 직시해야만 전략적 보고서가 될 수가 있다.

기업에서 실행이 안 되는 보고서는 그야말로 아무 쓸모가 없기 때문이다. 그래서 기업에서 기획서를 제대로 만드는 사람들은 대다수 마케팅의 영역에서 수익의 창출효과를 읽고서 보고서를 만든다. 만약 마케팅과 연계되지 못한 보고서라면 그것은 회사의 전략이 들어가 있지 못한 보고서라는 것을 판단해야 한다.

마케팅 영역은 그만큼 회사에서는 최고경영층이 가장 큰 관심사일뿐만 아니라 회사의 목표 달성에 최선의 방법을 연구하는 활동이라는 점을 기억하자.

> 기업의 모든 행위는 마케팅으로 통한다.
> 마케팅을 잘하는 사람들은 수익개념이 명확하다.

마케팅은 시장의 수요를
가장 먼저 파악해야 한다

마케팅에서는 가장 먼저 보는 것이 시장성이다. 그 시장의 성장률이 얼마나 되며, 앞으로 얼마만큼 시장규모가 커질 것인지를 판단한다.

그래서 전략컨설팅을 할 경우 가장 먼저 보는 것은 회사가 앞으로 진입하는 시장, 지금 진입되고 있는 시장의 미래를 예측하는 것이다. 그만큼 수요에 대한 정확한 분석은 마케팅을 하는 사람들에게 있어서는 필수적인 일이다.

아무리 뛰어난 기술력을 보유하더라도 진입하고자 하는 시장이 없으면 무용지물이 된다. 물론 기존 시장을 뛰어넘는 획기적인 기술을 보유한 신제품을 출시한다고 가정하더라도 마찬가지로 시장의 수요를 예측하지 못하면 무용지물이 된다.

사는 사람이 없으면 아무 소용이 없다는 것이다. 시장이 없는 곳에서는 마케팅을 할 필요가 없다.

기존 제품에서는 목표시장이 분명하게 제시되어야 한다. 그리고 현재의 시장규모를 정확하게 파악해야 한다. 시장 점유율을 파악하지 못하면 마케팅의 목표점이 상실되어 버린다.

마케팅의 목표점은 분명해야 한다. 향후 제품의 수요가 얼마만큼 올라갈 것인지를 파악해야만 마케팅에서의 목표점이 분명하게 생기기 때문이다.

수요가 없는 시장에서는 아무리 마케팅을 쏟아내도 무용지물이 된

고객은
데이터로 분석하고
마음으로 팔아라

빅데이터는 마케팅을 변화시키고 있다

    과거부터 마케팅을 하면서 가장 큰 고민은 비용지출 대비 효과의 문제였다. 대다수 높은 수익을 올리는 기업들의 이면에는 엄청난 마케팅 비용을 감수하고 있다. 기업들은 높은 비용을 지출하고도 그에 미지치 못하는 결과가 나온다는 것에 실망을 했고 효과적인 마케팅의 전략이 그만큼 중요하다는 것을 인식하게 되었다.

    마케팅 비용을 측정하는 방법들이 있지만 실제로 기업에서는 마케팅 효과를 분석하고 관리하는 기준이 모호하다. 마케팅의 효과를 측정하기가 그만큼 어렵기 때문이다.

    단순하게 수익을 기준으로 삼고는 있지만 마케팅을 실행했을 때의 수익이 과연 얼마나 영향을 미쳤는지는 정교하게 관리하지 않으면 파악하지 못한다.

    최근의 마케팅 트렌드는 저비용의 고효율이다. 온라인이 사회 전반에 급속도로 퍼지면서 페이스북이나 SNS 등을 통한 마케팅이 활발하게 전개되고 있고 그러면서 기업들 입장에서는 비용을 효과적으로 절약할 수 있는 기회가 마련되었다고 판단되었다.

뿐만 아니라 그동안 마케팅의 효과를 검증하는데 있어서 어려움이 있었던 마케팅 영역을 온라인 마케팅에서는 비교적 쉽게 방문자 수, 비용투입, 구매자분석 등을 종합적으로 활용할 수가 있어서 마케팅을 효과적으로 분석할 수 있게 되었다.

그런데 실제로는 온라인 마케팅이 기업들에게 효과적인 마케팅을 선보일 것이라는 기대와는 다르게 전개되고 있는 부분도 파악되고 있다.

스마트 환경으로 변화되면서 고객들은 제품의 선택이 확대되었고 과거 몇몇 기업들에게 국한되었던 제품의 구매력이 분산되는 효과를 가지게 되면서 치열한 가격 경쟁이 진행되기 때문이다.

온라인 채널이 활성화되면서 오히려 기업들의 가격경쟁이 본격적으로 심화되기 시작했고 마케팅에서 사용하던 비용을 온라인의 가격할인 등에 활용되면서 고객들의 다양한 구매력을 증대시킬 수 있는 전략으로 활용되기 시작하였다.

기존의 물류비나 마케팅 비용의 소진을 온라인에서 구매고객들을 더욱 많이 확보하고자 사용되고 있기 때문에 마케팅 비용적인 측면이 증가되고 있는 것이 현실이다.

반면에 고객들 입장에서는 온라인 환경으로 변화되면서 가격비교, 제품의 의견수렴 등을 사전에 입수할 수 있어서 과거보다 더 똑똑한 구매를 할 수 있게 되었다. 바로 이러한 구매 관점이 고객 중심으로 철저하게 변화되기 시작하면서 기존의 브랜드에 의존했던 고객들의 사고도 점차 변모하면서 우수하고 질 좋은 제품으로 승부하지 못하면 고객들이 외면하기 때문에 과거와 동일하게 마케팅을 전개하던 기업들 입장에서는 고객이 왜 이탈하고 있는지를 파악하기 시작하였다.

최근에 온라인상의 마케팅은 대단한 힘을 발휘한다. 만약 여행을 하려는 사람들이 맛집, 호텔, 여행사 등에 대한 정보를 얻고 싶다면 온라인상에서 검색만 하면 네티즌들의 평가점수를 통해서 최고의 업체를 선택할 수가 있다. 맛집의 경우에는 맛, 서비스, 가격, 분위기 등으로 평가점수가 구분되어 있고 많은 사람들의 리뷰의견을 검색할 수가 있어서 유용하게 활용할 수 있다.

이런 온라인상에서 이루어지는 평가는 검색 사이트의 마케팅 전략인 것이다. 고객들은 이런 평가를 통해서 업체를 선택하고자 하는 Needs가 있기 때문에 앞 다투어 검색 사이트는 업체의 위치와 함께 평가를 마케팅으로 활용하는 것이다.

고객이 이탈하는 원인을 파악해 보면 기업들은 자사 제품의 경쟁력이 없어서 경쟁사로부터 이탈이 된다고 판단을 하지만 그것보다도 기존의 방식 그대로 제품을 구매하던 고객들이 이제는 현명한 소비를 하게 되면서 브랜드 제품에서 비브랜드 제품으로 옮겨지는 속도가 빨라지고 있기 때문이다. 이러한 의미는 고객들에게 제공되는 정보 마케팅이 활발해지면서 기업과 고객 사이에 제공되는 마케팅 활동들에 따라서 구매력이 달라진다는 의미다.

점차 기업들도 이러한 고객의 트렌드를 읽고 많은 수익관점을 고객에게 현명한 가격으로 제공하지 못하면 이제 앉아서 돈을 벌던 시대는 지나가고 있다는 것을 깨달아야 한다. 기존의 가격을 어떻게든지 고수시키기 위해서 마케팅 비용을 증대시키는 방식의 마케팅전략은 이제 기업들에게는 수익을 장기적으로 확보하지 못한다는 사실을 깨닫게 되었다.

빅데이터
마케팅의 활용

　IBM은 수도관파열로 공장이 멈춘 사례를 동영상으로 보여주면서 직접적으로 고객에게 벌어질 사고의 유형을 보여주고 있다. 동영상을 보고 있으면 갑작스런 사고에 당황하는 모습들을 보면 고객들은 사고의 위험에 대해서 지각을 하게 된다.

　이러한 IBM의 진단서비스는 수도관 파열의 단순 문제로 인해서 설비의 가동이 멈추는 사태에 대한 동영상을 보여줌으로써 사전에 진단과 점검의 필요성을 어필한 광고이다.

　IBM은 산업별 Smarter Analytics 적용 방안에 대한 관점에서 비즈니스 영역을 넓혔다. 산업이 처한 위기상황이나 제품을 판매하는 방식 등의 고객 확보 방안을 빅데이터 형식으로 분석을 해서 문제들을 정확하게 해결해준다. 이 방식은 은행, 통신, 보험, 소매 등의 광범위하게 확대하면서 Smarter Analytics를 통해서 문제 해결의 빅데이터를 활용해서 해결방안을 제시한다는 모델이다.

💲 IBM 홈페이지 참고

Smarter Analytics는 분석에 대한 IBM고유의 접근방법입니다. 다양한 산업 분야에서 30,000곳이 넘는 고객이 Smarter Analytics를 통해 빅데이터를 활용하고 있습니다. 이제 기업은 끊임없이 변화하는 방대하고 다양한 데이터를 분석하여 위협과 기회요소를 확인하고, 업무 효율을 높이고, 더욱 합리적인 의사 결정을 할 수 있습니다.

네덜란드의 온라인 종합 쇼핑몰인 베캄프(wehkamp.nl)는 종합적인 목표 고객 재설정 프로그램을 개발하여 마케팅 이메일 발송량 대비 판매 비율을 높였으며, 각 고객에게 더욱 맞춤화된 쇼핑 경험을 제공했습니다.

미국 피자 레스토랑 체인점인 Papa Gina's는 275개 식당의 예산 및 노동 비용, 피자 배달 시간, 쿠폰 사용 및 전화 응답 시간 등에 대한 가시성을 향상시켜 마케팅 캠페인 및 프로모션의 수익성을 최대화했습니다.

최근에 빅데이터가 인기를 얻으면서 과거의 전략적 선택의 방법을 고민하던 것들을 확실한 고객 유인 효과를 얻게 되었다. 고객의 분석적 구매 패턴을 통한 산업의 문제들을 해결하는 관점에서 유용하게 활용되고 있다.

💲 진화되는 고객의 패턴

최근 블로그, SNS, 트위터, 페이스북 같은 온라인 매체의 활동은 가히 상상을 초월한다. 얼마 전 싸이의 강남 스타일을 보더라도 그렇다. 강남스타일은 빌보드차트 2위까지 올라간 국내 유례가 없는 세계적인 히트를 남겼다. 그런데 싸이의 강남스타일에 1등 공신을 한 것은 다름 아닌 유트뷰였다. 유트뷰를 통해서 전 세계적으로 확산되었고 노래와 춤, 컨셉은 과거의 제한된 네트웍을 뛰어넘는 흥미로운 결과를 안겨다 주었다.

마케팅의 컨셉도 점점 복잡해지며 고객들의 니즈도 다양한 영역에서 발전되고 있다. 여행객, 비즈니스 등 목적에 따라서 비행기 탑승 고객들이 좋아하는 영화, 스포츠 프로그램에서 고객들이 선호하는 스포츠, 소매점에서 연계된 제품구매 패턴 등 과거와는 다른 고객들의 세부적인 분석패턴을 읽기 위해서 노력하는 트렌드가 많아지고 있다.

　고객들의 활동이 그만큼 다양화되면서 패션의 트렌드부터 영화, 음식 등 모든 영역의 고객 패턴이 활성화 되고 있기 때문에 제품의 시장 확대전략도 고객이 가지고 있는 패턴을 읽을 수 있어야 한다.

저성장시대의
빅데이터 마케팅

소비자는 끊임없이 진화한다. 아무리 고객이 원하는 제품을 만들었어도 만족감을 나타내는 기간은 얼마 되지 않는다. 더 새롭고 더 강력한 제품을 선보이지 않으면 시장에서 언제든지 고객을 잃게 된다.

최근 대한민국은 저성장 시대에 접어들었다. 현재 2%대의 성장만 해도 높은 성장세를 유지하는 수준이다. 고객들의 지갑은 더 단단해졌고 다양한 경쟁자들이 시장에서 움직일 수밖에 없다. 그간 대한민국의 고객들은 매우 엄격했고 꼼꼼한 소비를 하기로 유명했다.

세계적으로 한국을 상대하는 많은 글로벌 기업들이 고전하는 이유는 점점 소비심리가 악화됨에 따라 브랜드만 따라가는 구매보다는 현명한 소비의 시대로 접어들었기 때문이다.

그래서 한국시장은 저성장시대에 맞는 마케팅의 판이 짜지고 있다. 특히 빅데이터가 최근 이슈로 떠오르면서 마케팅 영역에도 큰 관심을 불러일으키고 있다. 시장에서는 늘 데이터량이 넘쳐난다. 하지만 진실된 데이터는 그중에서 10%도 채 안 되는 것이 현실이다. 지금의 데이터보다 더 신뢰할 만한 데이터를 개발하고 있고 고객을 더 자세히 파악하고자 하는 노력들이 기업 전반에서 일어나고 있다.

마케팅의 구매 시대를 평정했던 제품들이 하나둘씩 세상에서 사라져 가는 이유는 고객들의 변화를 감으로써 마케팅을 했기 때문이다.

고객들이 본질적으로 어떤 상태에 있는지를 분석하고 읽지 못하면 시장에서 아무리 성공한 기업들도 장담할 수 없는 상황에 놓여 있다.

요즘 전문 데이터 분석가(Deep analytical expertise)들의 필요성이 대두되고 있는 것은 그만큼 마케팅의 본질이 감성 중심으로 이어져 온 것에 대해서 비판의 소리를 하기 때문이다. 하지만 여전히 고객의 구매를 움직이는 것은 고객의 감성이다. 마케팅은 고객의 감성을 빼놓고는 이야기할 수가 없다. 다만 고객의 감성도 과학적으로 데이터로써 분석을 통해서 감성을 과학화 하자는 것이 빅데이터 마케팅의 취지이다.

어떻게 감성을 데이터화 할 수 있을까? 그것은 오래전부터 고객에 대한 분석이 이루어져 왔지만 해법이 없었다. 고객은 늘 같이 움직이지 않고 새로운 생각과 사고를 하기 때문에 과학화한다는 것은 쉽지 않기 때문이다.

그러나 최대한 고객에 대한 감성을 과학화 해서 고객이 원하는 제품을 맞추어야만 성공하는 기업으로 변모할 수 있을 것이다. 과거 직관과 경험에 의존한 마케팅을 버리고 고객의 감성을 과학적으로 분석해서 새로운 마케팅으로 변화해야 한다.

국내 기업들은 혁신과 프로세스, 시스템에 대한 변화를 지속해 왔다. 하지만 분석하는 방법에 대해서는 크게 관여되지 못한 것이 한계점이었다.

혁신과 프로세스를 변화시키는 것에는 늘 자신 있었지만 데이터를 분석해서 새로운 영향관계를 만들어 내는 것에는 인색했다. 그것은 믿지 않았기 때문이고 프로세스만 만들면 고객은 따라온다고 생각했기 때문이다.

고객들이 어떤 태도를 보이고 있는지에 대한 해법을 데이터의 분석을 통한 과학적 마케팅의 결합에서 찾고자 하는 움직임이 빨라지고 있다.

기업은 1위 아니면
2위만 남게 된다

기업의 특성을 이해하자면 초기 기업들은 시장기회를 선점하기 위해서 무척이나 노력하게 된다. 마케팅을 하는 기업들은 결과적으로 1위 기업 목표로 한다. 특히 1위와 2위 기업들은 치열하게 1위를 쟁탈하기 위해서 마케팅 비용을 지속적으로 지출하게 된다.

그렇게 되면서 시장은 더욱 1위와 2위에 국한된 형태로 잡혀 나가게 되고 나머지 소수의 기업들은 마케팅 비용을 극복하지 못한 채 시장에서 멀어지게 된다. 치열하게 1위와 2위의 싸움에서 승리하는 기업은 그간 마케팅에서 쏟아서 시장 파이를 키운 것까지 1위가 차지하게 됨으로써 더욱 강력한 1위의 시장지배력을 갖게 된다.

시장진입 초기에 적자를 알면서도 마케팅 비용을 과감하게 지출하는 이유는 전체 기업들이 마케팅영역에 쏟아낸 효과까지 먹을 수 있기 때문이다. 기업들은 성숙기 상태로 전환되면 1위와 2위만 남게 된다는 사실을 알고 있고 그만큼 시장 지배력 상태가 되면 더 큰 이익을 얻게 된다는 믿음을 가지고 있다.

국내시장에서도 1위와 2위 업체가 시장 전체를 차지하는 현상은 쉽게 볼 수 있다. 자동차 업계에서 현대와 그 밖의 자동차 회사들이 존재한다. 휴대폰 시장에서는 삼성과 LG가 존재한다. 몇 년 전에 소셜 커머스 시장이 인기를 모았지만 현재는 티몬과 쿠팡의 경쟁이 전체 시장을 주도하고 있다. 검색서비스에서는 네이버와 다음이 시장을 전체적으로 주도하고 있고 정수기 시장은 웅진과 청호가 시장을 경쟁하고 있다.

대형마트도 초창기 외국계 회사들이 대거 한국시장에 진입했으나 월마트, 까르푸 등이 철수하고 국내 토종 이마트의 독주 속에 홈플러스, 롯데마트 정도가 그 뒤를 이어가고 있다.

시장은 다수의 경쟁자들이 모이지만 점차 시간이 지나면 비용 우위의 몇 개 회사만이 존재하게 된다. 고객들은 시장에서 1위 아니면 2위를 기억하는데 이것은 마케팅 측면에서 시장을 주도하는 기업만이 경쟁에서 살아남는다는 의미가 된다. 기업은 한 브랜드를 고객들에게 알리고 고객들이 인지하기까지 수많은 비용을 투입하게 된다. 마케팅 측면에서 고객들에게 지속적인 브랜드 홍보를 했기 때문에 고객들은 제품에 대한 인식과 사용이 지속적으로 확대될 수 있는 것이며 지금도 우리가 알고 있는 1위나 2위 기업들은 이익의 대부분을 기업들을 알리는데 마케팅 비용을 투자하고 있다.

마케팅의 고수들은 식품회사들이다

HMRHome Meal Replacement이란 가정에서 편리하게 먹을 수 있는 식품으로서 주로 1인이나 맞벌이 가정을 대상으로 판매된다. HMR은 대형마트에서 주로 판매되고 있으며 조리가 특별히 필요 없기 때문에 데워서 먹기만 하면 되는 편리한 제품을 뜻한다.

최근 국내 식품업계도 다양한 고객의 Needs를 반영한 HMR 제품들이 나오고 있다. 국내의 HMR 제품들은 대부분 영국에서 제품들을 벤치마킹해서 선보이는 경우가 많다. 기존에는 일본 제품류들을 벤치마킹한 경우가 대부분이었지만 이제는 유럽 쪽으로 마케팅 영역이 확대되고 있다. 웨이트로즈나 세인즈베리 등은 영국에서 가장 유명한 슈퍼마켓 체인점들이다. 이들은 반조리 포장 제품을 판매하는데 고객들이 조리하기 편리하도록 재료, 제조방법, 온도 등까지 세부적으로 표시되어 있다.

이처럼 외국의 사례를 마케팅으로 들여오는 것은 국내 식품업체에서는 흔한 일이다. 국내에서 마케팅이 가장 활발한 영역은 단연 식품

업체들이다. 경쟁이 치열할 뿐만 아니라 고객들에게 직접적으로 신제품들이 판매되는 B2C 시장이기 때문이다. 고객만족 경영도 식품업체들이 가장 빠르게 움직인다. 고객을 대상으로 직접적으로 마케팅을 펼치기 때문에 그만큼 디테일하고 세부적인 마케팅을 관리하게 된다.

브랜드 가치를 평가하는 브랜드사탁은 2013년 2분기 BSTI브랜드스탁 톱 인덱스 조사에서 1,000점 만점 중에 신라면이 896점을 받아서 식품 브랜드 1위를 차지했다. 종합식품 브랜드에서는 풀무원이 836점을 받아서 1위를 차지했다. 수천 가지의 브랜드 제품들이 시장에서 치열하게 경쟁하고 있는 시장이 식품시장이다. 그렇기 때문에 마케팅이 가장 치열할 수밖에 없고 유행에 민감하게 반응하는 곳이다.

고객들이 먹거리만큼 민감하게 반응하는 것도 없다. 그만큼 고객이 인지하는 효과가 매우 크다는 것을 의미하며 식품기업들은 먹는 것을 판매하기 때문에 그만큼 철저한 관리가 생명이 된다.

블로그 마케팅도 가장 빠르게 움직이는 곳이 식품업체들이다. 고객에게 제품 블로그를 운영하거나 브랜드 노출을 위해서 경품행사를 진행하거나 하는 등의 노력을 아끼지 않는다.

식품업체들은 신제품의 프로모션 관리 또한 매우 활발하게 추진한다. 대형마트에서 시식행사를 진행하거나 마케팅 활동을 위한 다양한 이벤트를 기획하여 진행한다. 이러한 식품업체들이 마케팅을 활발하게 펼치는 이유는 마케팅 활동이 곧 브랜드 자산으로 남기 때문이다. 이처럼 마케팅을 제대로 배우려면 식품업체들로부터 한 수 배우는 것도 대단한 전략이 될 수가 있다.

제품을 누가
만들었는지가 중요하다

　마케팅을 하는 사람들 중에는 전문적으로 마케팅을 배워서 시작한 사람도 있지만 실무에 직접적으로 뛰어들어서 시장의 감각을 익힌 사람들이 있다. 어느 쪽이 마케팅에 적합하다고는 논할 수는 없지만 중요한 점은 이 두 가지가 조화롭게 구성되어야 한다.

　제품을 잘 만들기 위해서는 가장 중요한 것은 만드는 사람이 제대로 된 사람인가의 문제이다. 마케팅을 담당하는 사람들에게는 제품과 업의 영역에 따라서 전문성이 있는 여러 사람으로 구성되어야 한다.

　왜냐하면 절대로 마케팅은 혼자서 할 수 있는 영역이 아니다. 마케팅에서는 가장 중요한 것이 얼마나 조화로운 팀이 형성되는가의 문제이다. 천재적인 마케터들은 항상 같이 일하는 멤버들이 탄탄하다는 사실이다.

　마케터에는 기술을 이해하는 사람, 시장을 이해하는 사람, 제품을 이해하는 사람, 기획력이 있는 사람 등 다양한 팀파워를 구성하는 좋은 사람들이 있어야만 가능하다.

고집과 아집으로 똘똘 뭉쳐진 기획력이 강한 사람들에게는 마케팅으로서 부적합 요소가 많다. 자리에 앉아서 기획을 하는 대다수의 사람들은 공동으로 프로젝트를 수행한다든지 시장에서 벌어지는 현상에 대해서 자유스럽게 이야기하는 것을 싫어하기 때문이다.

마케팅은 정리와 보고의 단계는 중요하지 않다. 시장에서 벌어지는 요소를 한마디로 정의만 하면 되는 것이지 누군가에게 보고를 하려는 순간 마케팅에서는 그들만의 잔치로 끝나버릴 소지가 많다.

마케팅은 철저하게 시장과 고객 중심으로 만들어지는 틀이다. 내부에서 아무리 "이것이 맞다. 저것이 맞다"라고 외쳐도 고객은 아무도 인정하지 않기 때문이다.

최근 고객들은 누가 만들었는지를 매우 유심히 살펴본다. 그만큼 전문성과 독창성, 창의력을 겸비한 사람들이 만들었는지를 따진다는 것이다. 예술적 감각과 창의력이 높은 헤어디자이너들이 최근에 매우 인기를 얻는 것과 같다. 고객들은 자신들의 제품에 대해서 만들어지는 과정을 이해하고 어느 과정으로 만들어지는지에 대해서 무척이나 관심도가 높다.

누가 만들었는지는 마케팅에서 새로운 마케팅 영역으로 발전할 것이다. 그만큼 고객들은 제품을 만드는 사람의 가치를 높이 평가하는 것이다. 웃으면서 제품을 만들었는지, 화난 표정으로 만들었는지, 어떤 사람들이 만들었는지가 마케팅에서는 이제 중요한 포인트가 되고 있다.

제주도에 가면 초콜릿 박물관이 있다. 그곳에 가면 초콜릿을 생산하는 단계부터 누가 만들고 있는지, 생산은 어떻게 하는지에 대해서 오픈하고 있고 그러한 측면에서 관광객들로부터 많은 호응을 받고 있다. 청년정신으로 최근 창업한 업체들이 고객들에게 많이 어필 되는 것은 그만큼 신선하고 열정을 다해서 노력하는 가치까지도 고객들은 구매하고 싶고 그런 제품을 받았을 때 특별함을 느끼고 가치 있는 구매라고 여기기 때문이다.

고객들은 이제 더 좋은 제품을 얻고자 하는 만족도를 넘어서서 만드는 사람들의 창의적인 열정까지도 구매하고자 하는 욕구를 발생시키고 있는 것이다.

지식기반 사업에서는 데이터가 핵심이다

　몇 해 전부터 지식기반 사업이라는 말이 유행처럼 따라다녔다. 지식기반이라고 하면 지식을 바탕으로 하는 사업들을 의미할 것이다. 이런 말을 이해 못 하는 것이 아닌데 왜 기업들이 지식기반 사업에 목숨을 걸까? 자본주의 시대에는 자본이 가장 중요했지만 지식기반에서는 지식의 질이 가장 중요한 성장의 열쇠가 된다.

　왜 그렇게 지식기반 사업이 중요한 것일까? 그것은 기본적으로 산업의 경쟁 패러다임이 변하고 있기 때문이다. 대표적인 지식기반 사업을 하는 소프트웨어 기업인 마이크로 소프트는 천문학적인 자산 규모를 갖추고 있다. 현재 PC 시장은 쇠퇴기에 속해 있다. PC시장에서 새로운 경쟁자들이 저원가를 가지고 진입하게 되면서 시장은 정체되고 진입장벽이 낮아지게 되었다. 그런데 PC 시장의 쇠퇴기 시장에서 마이크로 소프트는 어떻게 살아남았을까? 시장이 포화되면 경쟁자는 주춤하게 되고 이익률은 줄어들 수밖에 없다. 그런데 마이크로 소프트사는 승승장구한 비결에는 바로 지식콘텐츠 사업을 영위했기 때문이다. 기존과는 다른 경쟁의 페러다임을 바꾼 것이다.

국내에서 높은 수준의 이익률을 올리는 기업들은 대부분 지식산업을 영위하는 기업들이다. 게임업체나 인터넷 전문 업체들의 경우에는 불황속에서도 새로운 수익창출이 지속화 되고 있는 것이다.

그래서 향후 지식화 사업은 지속적인 성장 모델이 될 수밖에 없다. 작은 벤처기업들이 지식화 사업으로 성장을 이끌어 내는 모습들이 점차 국내 창업업계에서 벌어지고 있다. 기존의 제조업 중심에서 산업의 패러다임이 변화되고 있는 모습을 볼 수가 있다.

지식화 산업에서 가장 중요한 요소는 무엇일까? 그것은 바로 고객에게 필요한 것을 창출시켜주는 데이터의 힘이다. 지식화 산업을 분석할 수 있는 것은 그만큼 사회적인 현상들을 파악하고 분석하는 능력이 필요하다. 고객들이 더 빠르게 원하는 것들을 요구하고 그에 맞는 제품들을 제공해야 하는 관점에서 지식화 산업은 고객을 리딩해야 하기 때문이다.

그렇기 때문에 지식화 산업을 위해서는 고객들을 분석하고 그에 맞는 적합한 제품을 선보여야 하는 목표점이 있다. 그래서 빅데이터가 중요하게 다가오고 있고 고객들이 요구하는 수준을 정확하게 판단하여 제공해야만 지식산업에서는 성공할 가능성이 크다.

> 지식화사업을 위해서는 빅데이터를 활용한
> 고객의 잠재된 니즈를 끄집어내야 한다.

회사들은 왜
빅데이터에 빠져드는가?

사람에게는 누구나 일정한 패턴으로 움직인다. 그런 패턴 속에는 우리가 생각하지 못한 정보들이 숨겨져 있다. 기업들은 정보량이 많아지고 저장할 수 있는 용량이 많아지면서 데이터들도 가공할 수 있는 힘이 생겼다. 고객을 새롭게 창출할 수 있는 기회가 생기게 되었고 과거보다 더 쉽고 빠르게 정답을 파악할 수 있게 되었다.

최근에는 과거보다 조기 암환자에 대한 발견을 더 빨리할 수 있게 되었다. 최근에는 암 발견에 대한 의료기술이 과거보다 더 발달이 되면서 과거에 보이지 않았던 암세포를 조기에 발굴하게 된 것이다.

빅데이터는 고객들의 행동 패턴, 데이터를 통해서 어떤 상태에 있다는 것을 파악할 수 있고 고객이 원하는 것들에 대해서 정교하게 알아낼 수 있는 장점을 가지고 있다. 하지만 빅데이터가 모든 것들을 다 해결해 줄 수 있는 것은 아니라는 것이 일반적인 시각이다.

데이터를 가지고 인간의 심리 상태를 파악하는 것은 분명한 한계점이라는 사실과 기존에 고객들을 이미 파악하고 있었던 것들에 대해서 보다 세부적인 증거를 통한 확장성이라는 시각도 있다.

빅데이터에 기업들이 빠져들고 있는 이유 중에 하나는 고객들의 행동 유형을 읽고서 분석할 수 있는 기술력이 발전되었다는 것을 의미한다.

IT 업계의 최대 관심사는 빅데이터를 활용한 사업화 방안이다. 그만큼 기업들은 빅데이터를 활용한 문제해결에 관심을 가지고 있다. 세계 최대 시장분석 기관의 전망 보고서에 따르면 빅데이터 시장은 2010년에 30억 달러가 넘어섰고 2015년경에는 170억 달러 규모가 될 것으로 전망했다. 빅데이터에 대한 시장 수요가 폭발적으로 증가되는 원인에는 스마트 환경으로 사회가 변하기 때문이다.

빅데이터란 기존의 분석 틀로는 제한되어 있는 데이터의 양을 의미한다. 스마트 환경에서는 엄청난 양의 데이터들이 실시간으로 쌓이게 되고 그러한 정보를 통해서 분석해 낼 수 있는 다양한 서비스들이 증가되는 것을 의미한다. 현실세계에서 벌어지는 일들에 대해서 실시간으로 트위터나 페이스북, 블로그 등을 통해서 가상의 공간에서 모든 정보들이 실시간으로 공유가 되고 있다.

빅데이터는 컴퓨터의 명령으로 이루어지는 기존 시스템과는 달리 사람들의 행동, 말, 정보 등의 데이터를 컴퓨터가 다양한 사고를 통해서 분석해 낼 수 있다는 것이다. 분석하는 방법에는 다양한 프로그램들이 활용될 수가 있다.

기업 내부에서는 고객들이 원하는 제품, 생각들에 대해서 파악하기가 쉽기 때문에 고객을 더 많이 끌어들일 수 있는 장점이 있다. 기존 데이터와 빅데이터가 다른 점은 기존에는 데이터들이 일반적으로 정해져 있는 데이터를 활용하지만 빅데이터는 정형화되어 있지 않는 데이터들을 분석한다.

빅데이터에는 다양한 고객들의 정보와 행동 패턴 등이 담겨져 있고 그 속에서 고객들이 경험한 것들과 미래 경험할 것들에 대해서 분석을 해 낼 수 있는 장점이 있다. 그렇다면 기업들에게 있어서 빅데이터를 활용하면 어떠한 점이 있는지 살펴보겠다.

첫째는 기업들은 빅데이터를 통해서 마케팅 비용을 최소화 할 수가 있다. 유통비용이나 광고 및 홍보 비용 측면에서 빅데이터를 활용하면 고객들이 가장 많이 사용하거나 가장 많이 접근되는 곳에 광고를 효과적으로 할 수가 있다.

둘째는 기업의 리스크를 최대한 감소시킬 수가 있다. 빅데이터를 통해서 정보를 빨리 습득할 수가 있기 때문에 리스크에 대해서 사전에 감지가 빠르다. 리스크에 있어서 기업들이 취약한 측면이 많은데 고객들에게 리스크의 반응을 빨리 파악할 수가 있기 때문에 매우 유용하게 관리할 수가 있다. 가령, 고객이 클레임을 제기할 경우 클레임을 제기하는 고객의 행동 유형이나 패턴 등에 대해서 분석해 내면 클레임에 대한 처리 리스크를 감소시킬 수가 있다.

또한 영업사원들이 고객에게 대하는 태도나 행동 유형을 미리 분석할 수 있기 때문에 직원의 잘못된 윤리의식 등도 미리 파악이 가능하기 때문에 적절하게 리스크 대응이 가능하게 된다.

셋째, 의사결정을 하는데 있어서 정확성과 신속성을 증대시켜 준다. 기업의 전략적 의사결정을 할 수 있는 지표로 활용될 수 있기 때문에 기존에 의사결정 방식보다 정교화 된 의사결정이 가능하게 된다. 빅데이터를 활용하는 가장 큰 이유 중의 하나는 의사결정을 정확하게 하기 위함이다.

빅데이터를 활용하고자 하는 기업들은 대다수 IT 솔루션을 원한다. 기업 내부에서 발생되는 다양한 정보들을 어떻게 해석할지에 대한 정확한 프로그램들이 개발되고 있다. IT 업계에서는 치열한 경쟁력을 얻기 위해서 기업이 원하는 다양한 서비스 프로그램을 개발하는 방향으로 진화되어 가고 있다. 기업 내부에도 빅데이터 전문가를 선발하거나 내부의 정보들을 컨트롤 하는 인력을 양성하고 있다.

기업들은 이제 빅데이터 마케팅을 통해서 과거와는 다른 한 단계 수준 높은 마케팅 경쟁이 예상되고 있다.

Part 5

고객에겐
복잡한 것보다
단순함으로 접근해라

마케팅은 먼 미래에는
관심이 없다

마케팅 활동에서 착각하는 것들은 먼 미래에 수요가 창출될 것이라는 기대감을 가지고 시작한다는 것이다. 기대감으로 마케팅을 실행해서는 안 된다. 확고한 신념과 시장이 막 형성되어 갈 때 마케팅은 시작해야 한다. 시장이 형성되지도 않았는데 마케팅을 통해서 시장을 개척한다는 것은 무모한 행동이다.

우리는 시장이 현재 열리지는 않았지만 향후 10년 이내에는 시장이 커질 것이라는 가정으로 신제품이나 신사업을 진행하곤 한다. 만약 예상대로 시장이 10년 후에 크게 열리게 되면 미리 준비한 업체는 대박을 맞이할 것이다. 하지만 시장은 예상대로 움직이지 않는다.

마케팅은 지금 당장 시장을 선점하기 위해서 실행해야 한다. 먼 미래를 내다보고 마케팅에 투자하는 것은 마케팅이 아니다. 그것은 사업일 뿐이다. 우리는 마케팅과 사업을 혼동해서는 안 된다. 마케팅은 지금 당장 수익을 창출 할 수 있는 기회들을 찾아야 한다.

확실하게 우위를 점할 수 있는 시장에 뛰어드는 것은 마케팅이 아니다. 마케팅은 치열하고 경쟁적으로 시장에서 살아남기 위해서 벌이는 전쟁과도 같은 것이다.

시장에서 확고한 우위를 점하고 미래에 수요를 예측할 수 있는 것이라면 마케팅은 구태여 필요가 없기 때문이다.

세상에는 수없이 많은 마케팅 종류가 있다. 너무 많아서 마케팅의 의미조차 생소함에도 마케팅의 용어들이 난무하고 있다. 그만큼 세상이 빠르게 변화하고 있고 그 시대에 따라서 달라지는 것들이 너무도 많다는 것이다.

조금만 학습하고 공부해서 적용하려고 하면 이미 세상은 그보다 몇 배는 빨리 움직이기 때문이다. 그래서 마케팅은 진행형인 것이다.

하지만 중요하게 한 가지 변하지 않는 것들이 있다. 그것은 마케팅에서는 고객이 존재한다는 사실이다. 고객은 시대에 따라서 달라지겠지만 고객 없는 마케팅은 없다. 고객들이 원하는 Needs를 찾는 것은 그만큼 효과적인 마케팅을 할 수 있다는 의미가 된다.

물론 무척이나 어려운 일이다. 고객의 속을 안다는 것도 어렵지만 고객이 이야기하지 않는 것들까지도 만들어서 팔아야 하는데 얼마나 어려운 일이겠는가?

그런데 최고의 마케터는 기가 막히게 고객이 원하는 Needs를 찾는다. 어떻게 하면 가능할까? 그것은 보이지 않는 고객의 눈을 찾는 노력을 평소에 많이 해야 한다. 저절로 만들어지는 것은 없다.

구매고객은 합리적인 소비를 원한다

요즘 고객들은 똑똑한 소비를 원하기 때문에 낭비적이면서 충동적인 구매를 하지 않으려고 한다. 소비의 트렌드가 꼭 필요한 제품 위주의 계획적인 구매 활동으로 변해가고 있다.

이런 현명한 소비를 도와주는 것은 바로 구매고객층들이 구매후 활동에 큰 변화가 생겨났기 때문이다. 고객들은 제품을 구매한후 이후에 벌어지는 구매후 활동에 민감하게 반응한다.

어느 주부가 쇼핑 과정에서 양이 많은 제품을 값싸게 구매했다고 가정해 보자. 맛있는 제품을 풍족하게 먹을 수 있겠다라는 구매전 만족 효과가 분명히 올라갈 것이다. 그런데 당장 구매후 많은 양이 남게 되면 처리해야 되고 많은 양을 먹게 되면 살이 급격하게 찌기 때문에 운동을 더 해야 된다는 사실로 반응하게 된다.

주부들은 가족들의 건강을 고려해야 된다는 생각이 구매후 활동에서 더 크게 반응을 하기 때문에 값싸고 질 좋은 제품이더라도 현명한 구매를 원한다는 사실이다.

제조업체들은 고객들이 낭비적인 구매에 민감하게 반응한다는 사실을 깨닫고 제품을 출시할 때 구매후 활동의 만족도를 높일 수 있도록 노력하고 있다. 과거처럼 양이 많고 질이 좋더라도 더이상 고객들은 좋아하지 않는다.

고객에게 적합하고 딱 맞는 제품을 구매할 때 고객들은 현명한 소비를 했다고 판단하기 때문이다. 요즘은 경쟁사에서 모방제품도 쉽게 나올 수 있고 고객이 원하는 Needs가 보편화되어 있어서 제품 개발은 그리 어렵지 않다고 볼 수 있다.

하지만 제품에 들어가는 고객의 기능적인 차별점은 반영되어 있어야 한다. 고객의 니즈에서 제품이 반영되어야 할 가치점 들이 충분하게 반영되어야 한다.

고객은 제품에 대한 구매요인 관점은 다양한 요인이 있을 수 있다. 어떤 이는 편리성에 목적이 있을 수도 있고, 어떤 이는 다양한 기능적인 부분에서 만족감을 드러낼 수가 있다.

다만, 고객은 제품선택에서 싸이클이 빠른 제품의 소비는 고객들이 느끼는 만족의 요인들이 가격적인 측면을 중요한 요소로 보지는 않는다. 서비스와 편리성 측면에서 고객들은 어느 측면에 더 큰 만족감을 드러내는지는 알 수가 없다.

일반적으로 명품이라는 것들은 제품에서 디자인, 기능을 포함한 가치점이 부가적으로 들어가게 된다. 가치점이라는 것은 제품이 보유한 기능적인 측면에서 어떤 것들이 필요한지를 느껴야 한다.

휴대폰의 경우에 고객들이 제품을 선택하는 기준은 가격이 저렴한 제품이 아니다. 최신 모델에 대한 고객들의 사용 needs가 강하고 제품에 대해서 오는 시선들에 대한 소유욕구가 강하기 때문이다. 제품을 가지고 있는 가치점에 대해서 오히려 더 큰 만족감을 가진다.

고객이 구매하는
전 과정을 알 수 있다

그동안 마케팅 비용을 효과적으로 사용했다고 판단되었던 기업들은 실제로 고객에게 영향을 준 마케팅 측면을 새롭게 인식하게 되었다. 기업들은 고객들에게 제공하는 마케팅 효과를 측정해서 낭비적인 마케팅을 과감하게 정리하고 있다.

기업들은 온라인에서의 고객 이탈, 구매 효과, 선호 제품 선택 등을 빠르고 세부적인 데이터로 제공받게 되면서 고객에 대한 전면적인 마케팅의 관점을 바꾸는 계기를 마련하고 있다.

기업들 입장에서는 고객 분석이 가장 활발한 곳은 B2C 업체들이다. B2B에 비해서 B2C는 고객들에게 미치는 효과가 빠르고 그만큼 고객들의 선택하는 영향도가 높기 때문이다.

마케팅이 가장 활발하게 펼쳐질 수밖에 없는 환경이기 때문에 고객에 대한 분석은 정교할 정도로 잘 이루어지지 않으면 시장에서 고객들로부터 외면당하는 것은 순식간에 벌어진다. 또한 경쟁시장도 더욱 치열하게 전개되고 있는 시장도 B2C시장이기 때문에 그동안 기업들은 자사의 기준에 맞게 고객 분석을 다양하게 활용해 왔다.

하지만 B2C 기업들도 그동안 자사 제품의 판매실적에만 정교한 분석을 해왔다. 자사 제품이 판매되는 소매점에서의 데이터를 쉽게 받아볼 수가 없었고 매출에 국한된 실적을 데이터로만 받았기 때문에 다양한 고객들의 행동과 구매 패턴에 대해서는 제대로 읽기가 어려웠다.

대형마트들이나 소매점에서는 다양한 고객들의 구매 유형을 분석할 수 있는 기반을 갖추고 있었지만 매출에 대한 관점을 역시 벗어나지는 못했다. 소매점은 기존까지 고객의 제품 대응 시스템에 대한 관점이 중요했다.

그래서 유통환경에서 발달된 영역이 발주시스템이었다. 고객이 제품을 구매하는 과정에서의 프로세스를 파악해서 재고에 의해서 자동으로 주문발주가 이루어지는 시스템들이 많은 부분 개발됐다.

이러한 시스템 영역은 기존의 제품 판매와 재고, 특정한 제품의 반품 들을 기준으로 하는 시스템 영역이라고 볼 수 있다. 소매점에서는 재고의 부담문제가 가장 크기 때문에 재고의 회전을 높일 수 있는 프로모션과 판매방식에 많은 관심을 가지고 있다.

반면에 제조업체들의 고민은 고객들에게 어떤 신제품을 출시하느냐의 문제가 크다. 신제품을 많이 출시하는 것도 중요하지만 고객들이 선호하는 신제품을 어떤 방식으로 출시하느냐의 문제를 가장 크게 고민해 왔다.

결과적으로 마케팅은 고객의 가치가 일치되도록 하는 활동을 의미한다. 그것이 가장 베스트의 마케팅인 것이다. 그런 고객의 가치점을 일치화 시키려면 회사에서 다양한 고민과 고객 분석을 통해서 만들어져야 한다. 지금까지 제조업체들은 고객을 분석하는 방식이 소매점에서의 기존 제품 영역에 대한 데이터를 받거나 분석하는 효과를 통해서 개발해 내는 측면이 많았다. 기존 매출에 의존되는 데이터는 고객들이 어떤 제품을 선호하고 어떤 제품에 대해 더 관심을 가지고 있는지를 파악하는 면에서는 취약했다.

하지만 이제는 고객관점으로 데이터의 질이 달라지고 있다는 것이다. 이제는 고객이 어떤 제품을 더 만졌고 어떤 매장에 더 고객들의 방문이 많았는지, 고객들이 어떤 제품에 대해서 관심을 더 갖고 있는지를 직접적으로 파악할 수 있는 데이터들이 구축되면서 마케팅 영역도 변화되고 있다.

시장이 점차 과학화 되고 있는 것은 결국은 인간의 구매 패턴과 욕구를 분석할 수 있기 때문에 더 빠르게 고객에게 만족스러운 마케팅을 발휘할 수 있다는 의미가 된다.

고객들은 이성보다는 감성에 더 끌린다

최근에는 인간의 행동과 심리학을 결합한 뉴로 마케팅Neuro Marketing 이 뜨고 있다. 뉴로 마케팅은 인간의 의사결정에는 감성이 더 강하게 자리 잡고 있다는 전제로 펼치는 마케팅 활동이다. 제품을 구매하고 싶은 사고가 발생하는 것은 이성적인 판단에 의해서지만 막상 제품을 선택할 때는 감성적인 판단이 더욱 많이 지배하게 된다. 합리적인 소비가 더 많을 것이라는 가정이 많지만 감성이 인간의 심리를 지배하고 있는 경우가 더 많다.

아프리카 밀림 숲을 여행하던 중에 물리학자, 경제학자, 기술자가 길을 잃게 되었다. 배고 고팠던 이들은 우연히 밀림 숲을 지나던 중에 나무 위에 희귀한 열대 과일이 매달려 있는 것을 발견하게 되었다. 기술자는 신중하게 살피더니 장비를 가지고 따야만 완전하게 딸 수 있다고 말했다.

그런데 물리학자는 '이걸 따먹으려면 끓여 먹어야 할 것이다'라고 답했다. 그러자 경제학자는 열대과일을 먹을 때 앞으로 몇 개를 과연 먹을 수 있는지를 예측해야 된다고 했다. 경제학자는 열대과일이 몇 개가 남아 있을 것이라는 추측을 하면서 한 개도 먹지 못했다.

이 이야기는 한 노벨 경제학자의 유머에서 나왔다. 경제학에서는 이론적인 가정이 앞선다. 복잡한 문제에 대해서는 우선 가정으로 생각하고 미래에 대한 예측을 하게 된다. 경제학의 관점에서는 인간의 행동에 대해서 세부적으로 관심을 갖고 뛰어나고 명석한 행동을 한다는 가정으로 생각을 한다.

그래서 경제학에서는 인간이 일어나는 예측을 항상 시스템적인 사고, 합리적인 행동, 이성적인 판단 등을 할 것이라는 가정을 하게 된다. 하지만 인간은 결정적으로 로봇이 아니기 때문에 이성보다도 감성적인 행동을 더 많이 하게 된다.

실제로 로또 복권 같은 비합리적인 확률에 많은 사람들이 몰리기도 하고, 회사를 다니던 젊은 부부가 갑자기 사직서를 제출하고 산속에 들어가 살기도 하고, 전혀 그럴 것 같지 않은 유명한 스포츠 감독이 승부조작에 휘말리기도 하는 등 때로는 예측에서 벗어난 일들이 벌어지곤 한다.

노벨경제학자들은 대다수 경제학의 이론이 기본적인 삶의 행동에서 예측된다고 한다. 하지만 일부 경제학자들은 종종 불확실한 미래가 찾아왔을 때 벌어지는 행동에 대해서는 논리적이고 이성적인 행동보다도 현실적이거나 합리적이지 못한 행동들이 더 많아진다고 한다. 그래서 예측한 행동에 대한 관점이 확실하게 나타나지 않는 경향이 많아진다는 것이다. 우리의 소비 심리도 이와 마찬가지 행동이 나타나곤 한다.

부모들은 값싼 식품료들을 먹으면서도 아이들에게는 비싼 유기농 제품들을 먹이는 모습과 부모들은 학교 교육에 소홀히 하면서도 자녀들에게는 비싼 학원에 보내는 모습들을 보인다.

평소 제품을 구매하는 것에는 인색하지만 여행을 위한 지출에는 아끼지 않는 소비형태도 쉽게 볼 수 있다. 제품의 기능과 품질에 대해서 찬사를 보내면서도 정작 제품을 선택할 때는 평소에 자신이 생각하지 못했던 제품을 구매하곤 한다.

세계적으로 유명한 심리학자 대니얼 카너먼Daniel Kahneman 교수는 이러한 인간의 행동이 나타나는 이유를 자아 편중의 현상 때문으로 해석한다. 즉, 인간은 본능적으로 누군가에게 정보를 얻지만 신뢰하지 못한다고 해석하고 행동한다는 것이다.

정보에 대해서 어떠한 신뢰를 하기가 어렵다는 가정이 있기 때문에 아무리 좋은 정보를 주어도 믿지 않으려는 인간의 본심이 강하다는 것이다.

그래서 이성적인 행동을 하더라도 감성적인 사고가 더 인간에게는 결정적으로 많다는 것이다. 인간은 누구나 제품의 디자인, 희소성, 가치, 강한 프로모션 등에 이끌려 구매하려는 성향이 강하게 있기 때문에 마케팅의 측면에서도 이러한 감성적인 구매 결정력을 찾고 있는 이유다.

정확하게 고객이 원하는
제품을 출시해야 한다

　최근 국내 한 대형마트는 빅데이트 마케팅을 도입했다. 빅데이트 마케팅이란 고객의 구매 패턴을 과학적으로 분석하여 고객의 제품 구매 Needs 분석하여 제품 진열에까지 연계시키는 과학적 마케팅 방법이다.

　천만 명의 구매 데이터 이력을 분석하여 텐트를 구매한지 2주가 지난 후에 캠핑 물품들을 구매한다는 고객들의 구매 패턴을 분석하여 미리 고객의 구매력을 파악하여 제품을 선보이는 방법이다.

　텐트 구매 고객들에게 캠핑 물품을 구매할 수 있는 온라인 할인 쿠폰을 지급하는 방법으로 대형마트는 구매를 자극하는 방법을 활용하였다.

　국내 또 다른 대형마트는 세계적인 마케팅 전문기업과 손을 잡고 매출 데이터를 분석하여 영업현장에 적용하고 있다. 대형마트들이 왜 마케팅 회사들과 손을 잡고 데이터를 분석하는 것일까?

　그것은 마케팅이 점차 과학화되어 가고 있다는 의미이며, 과학적 방법에 의해서 고객들의 구매패턴을 파악해 나가는 것은 매출에 상당한 도움을 주기 때문으로 해석된다.

대형마트는 구매력을 향상시키기 위해서 고객 패널을 활용하고 있다. 패널들이 직접적으로 제품을 사용해보고 만족도에 대해서 의견을 제시하여 고객들의 제품 만족도를 수시로 점검하는 방식이다.

이러한 고객 패널을 활용해서 신제품 아이디어를 수집하고 아이디어를 통해서 신제품을 만들기도 한다. 철저하게 고객들이 원하는 신제품을 만들어서 시장에 내놓겠다는 마케팅 전략이다.

고객들로 하여금 다수의 의견을 제시한 신제품은 시장에서도 좋은 반응을 보인다는 과학적 방법을 활용한 것이다. 과거에는 번뜩이는 아이디어로 시장을 장악했다면 이제는 많은 사람들이 원하는 제품에 대한 아이디어를 모을 때 더 좋은 제품력으로 구매력을 올릴 수 있다는 반응이다.

고객만족은 마케팅 분야에서 가장 강력한 수익창출의 원동력이었다. 최근에는 고객에게 제품을 제공하는 즐거움의 서비스를 넘어서 고객의 가치를 창출하는 것이 기업의 가장 큰 목표점이 되었다.

기업들은 고객의 가치를 창출하기 위해서 더 치열한 마케팅에 몰입하게 되었다. 고객들은 더 강력한 서비스를 원하게 되었고 흔한 프로모션이나 행사 같은 것들로부터 더 이상 만족감을 얻지 못하기 때문이다.

지금까지의 고객 마케팅 초점은 고객들이 원하는 제품에 대한 가치를 반영시키고 그것들을 구매로 이어지게 하는 활동이 주류를 이루었다. 하지만 이제는 고객들이 무엇을 원하는지를 정확하게 짚고 고객의 가치를 일치시켜야 되는 기업들만이 성장할 수가 있다.

더 이상 고객들은 양적인 것들은 흥미를 잃었다. 한가지의 신제품이라도 강력하고 고객의 가치를 반영한 제품에 관심을 갖게 되었다.

그래서 고객들에게 정확하게 맞는 제품을 제공해 주는 기업만이 성장을 할 수가 있다.

고객의 신뢰도는 제품의 양에 만족하는 것이 아니라 제품의 질과 가치로 반영시키고 있다. 그래서 과거처럼 수 천 개의 신제품을 쏟아내어 그중에서 몇 가지만 성공하면 기업이 잘 된다는 법칙이 이제는 더 이상 통하지 않게 되었다.

한 가지 제품이라도 고객들은 목이 빠지라 기다리는 이유는 고객이 원하는 제품을 정확하게 선보이기 때문이다. 고객들에게 성공적인 제품을 선보이기 위해서 기업들은 한 가지 제품에 집중하고 있다. 과거처럼 시장조사를 하고 수요조사를 하는 식의 마케팅으로는 더 이상 고객에게 원하는 제품을 선보이기는 어려워졌다.

그래서 빅데이터 같은 데이터를 활용하거나 고객과 연계된 철저한 데이터를 가지고 시장을 분석하지 않으면 더 강력한 제품력을 창출할 수가 없게 되었다.

플라스틱 성형 제품이
고품격의 제품으로 바뀌다

요즘 휴대폰 케이스의 가격대를 보면 놀라지 않을 수 없다. 휴대폰의 가치가 올라가면서 휴대폰의 케이스도 같이 고급스러운 제품으로 Targeting이 된 것이다. 최선 휴대폰은 백만 원이 넘는데 케이스는 싸구려를 쓸 수 없다는 고객들의 심리가 비싼 케이스의 구매를 일으키고 있다.

그래서 요즘 휴대폰 케이스는 단지 제품을 보호하는 기능적인 것을 뛰어넘어 휴대폰 디자인에 어울리는 고품격의 가치를 제공하는 형태로 바뀌고 있다.

최신 고품질의 휴대폰이 나오면서 휴대폰 케이스, 휴대폰 거치대, 휴대폰 이어폰 등 다양한 관련 상품들이 쏟아져 나오고 있다. 더욱 고급스러운 상품들이 인기를 모으는 이유는 바로 휴대폰이라는 가치에 어울리는 상품을 고객들이 선호하기 때문이다.

원가 경쟁력이 낮은 제품들은 더 이상 경쟁력이 될 수 없다는 한계를 뛰어넘는 마케팅이 발휘된 것이다. 지금도 일반 플라스틱 성형 제품들은 매우 낮은 부가가치로 경쟁력이 없는 경우가 많다. 지금까지 휴대폰 악세사리 시장 자체는 저부가가치 사업으로 취급 받아 왔었다.

하지만 최근 들어 휴대폰 악세사리는 고품질의 제품으로 탈바꿈하여 경쟁력 있는 제품을 얼마든지 만들 수 있다는 사례를 보여주고 있다.

결과적으로 저부가가치, 저원가 제품들은 고품질의 제품에 연계된 상품을 개발하여 고품질의 디자인과 품질로 마케팅을 펼치면 성장할 수 있다는 교훈을 얻게 되었다. 그리고 플라스틱 성형 사업도 기술력이 들어가면 얼마든지 시장을 창출시킬 수 있다는 가치를 얻게 되었다.

소비자에서 고객까지
관계 마케팅이란 무엇인가?

　　대다수 제품들은 최종 소비자를 중심으로 출시되지만 다양한 고객까지 범위가 확장된 제품의 출시는 제품의 용도와 사용방법에 따라서 다양한 소비자들을 더욱 창출시킨다.

　　암 & 해머Arm & Hammer사의 베이킹 소다는 고객늘의 반응에 따라서 수 백 가지로 다양한 활용범위를 만든다는 것을 알게 되었다. 기존 소비자 중심의 제품에서 고객들이 편리하게 활용도를 높일 수 있는 다양한 고객 중심의 제품으로 개발하면 제품의 다양한 확장성에 도움을 준다. 특정 소비자를 중심으로 제품이 사용되는 한계성을 넘어서 다양한 고객들이 새롭게 창출되는 효과가 발생된다.

　　소비자Consumer 중심으로 마케팅을 펼치는 사람들은 언제나 제품의 판매량과 매출에만 신경을 쓴다. 그러나 고객Coustomer 관점으로 마케팅을 펼치게 되면 가치를 창출하는 영역을 발굴하게 된다.

　　고객 관계중심으로 확장하려면 소비자 보다는 고객 중심의 마케팅을 펼쳐야만 가능하게 된다.

흔히 제품의 단기적인 수요 확장과 제품 개발에 필요한 시장조사를 할 경우 고객 보다는 소비자 영역에 맞추는 경향이 많다. 왜냐하면 단기간에 제품을 구매하는 고객이 도움이 된다는 현실성 때문이다.

하지만 고객의 가치를 창출시키는 고객 관계 지향형의 발전을 위해서는 소비자 중심으로 관계를 발전하게 되면 구매채널이나 가격 등으로 인해서 가치 창출의 영역이 단절될 수 있는 문제점이 나타난다.

고객의 감성 문을
두드려라

빗방울이 유리창 사이로 계속 내린다. 카페의 테이블 위에도 빗방울은 계속 내린다. 피아노 선율과 함께 빗소리를 듣는 고객들은 여유로움을 느끼게 된다. 빗방울 소리에 젖어들어 있을 때 쏘나타 자동차가 나타난다. 이 광고는 비로소 쏘나타라는 자동차를 알리는 광고라는 것을 알게 된다. 쏘나타를 모르는 사람은 없을 것이다.

이미 알려진 브랜드에 대해서 고객의 감성을 자극해서 쏘나타라는 브랜드를 회상시키면서 감성의 문을 두드리는 것이다.

또 다른 감성의 이미지를 보여준 사례가 있다. 집이라는 소재를 활용한 KCC의 건설 광고이다. 12년 차 주부가 어느날 갑자기 홀로 여행을 한다. 홀로 여행을 한다는 것은 중년의 여성들에게 지친 일상에서 벗어나고 싶은 바람을 반영한 것이다.

이 여인은 여행에서 즐거운 시간을 보내고 호텔에 들어와서 편안하게 누워 있는다. 그런데 갑자기 잠이 들기 전에 문득 가족들 생각이 난다. 그리고는 휴대폰을 꺼내들고 가족들의 사진을 보기 시작한다.

이때까지만 해도 이 광고가 휴대폰 광고로 착각을 할 것이다.

하지만 자신의 집이 소중하다는 광고 컨셉을 보임으로써 건설사의 이미지를 감성적으로 극대화한 사례이다.

불황속에서 감성마케팅은 또 다른 고객의 주요 타켓이 된다. 과거의 번영을 다시 한 번 감성이라는 마음속 심리를 고객들로부터 이끌어 내고자 하는 의도이다.

최근 현대차 쏘나타, 무료통화를 알리면서 가족 간의 사랑을 소재로 만든 LG 유플러스, 감독과 배우가 나오면서 브랜드 철학의 단편영화의 겔럭시S4, 김지운 감독이 출현한 코오롱스포츠 등은 고객의 감성 문을 두드리고 있다.

15초도 아닌 3분 정도의 감성 브랜드로 고객들을 자극하는 것이다. 과거 짧은 광고의 강렬한 고객 인상 중심이었다면 요즘은 잔잔하면서 고객의 가치 철학을 전달시키려는 노력을 많이 하고 있다.

외환위기를 거치면서 국내 고객들은 제품의 이미지보다는 제품이 지니고 있는 장점 중심으로 소비패턴이 변화되었지만 IMF 시대를 거치면서 이제는 본격적으로 소비 트렌드가 가치 중심으로 변화되면서 감성의 이미지 중심 제품 구매는 증가될 것으로 보인다.

처음 도입되는 제품의
이미지가 중요하다

피자가 처음 국내에 도입되었을 때 아이들부터 어른까지 맛에 매료되어 흥분을 가라앉히지 못했다. 지금도 피자는 남녀노소 누구나 맛있게 먹는 식품 아이템이다. 그런데 피자에 들어가는 것 중에서 치즈가 차지하는 원가 비율이 30%를 넘는다. 피자치즈 가격이 그만큼 비싼 이유는 우유가 많이 들어가기 때문이다.

보통 우유로 치즈를 만드는데 치즈의 열 배에 해당되는 우유가 필요하다. 국내에도 자연산 치즈를 만드는 업체들이 많이 생겨났지만 초창기에 치즈 가격이 너무 비싸기 때문에 쉽게 뛰어들기가 어려웠다.

그래서 치즈를 대부분 외국에서 수입해서 사용을 하고 있다. 특히 국내에서는 우유로 치즈를 만드는 가격이 상당히 비싸게 작용하기 때문에 대량 생산으로 판매하기가 쉽지는 않은 구조이다. 그래서 대부분의 피자회사들은 수입치즈를 사용하고 있는 실정이다.

요즘은 우유 회사들이 치즈시장에 뛰어들고 있다. 앞으로 유아식 치즈 시장이 점차 확대되고 있고 고급화 된 서구식 입맛이 변화됨에 따라서 치즈의 열기가 올라가고 있기 때문이다. 특히 우유 회사들은 갈수록 저출산에 따라서 매출이 감소세로 돌아서고 있기 때문에 치즈 시장이 우유시장을 앞서고 있는 흐름에 있다.

대부분의 사람들은 90년대 초에 슬라이스 치즈를 처음 접해보았다. 그 당시 슬라이스 치즈는 100% 자연산 치즈가 아니라 가공 치즈였다.

그런데 치즈하면 왠지 노란색 치즈가 진짜 치즈인 줄 아는 사람들이 많다. 자연산 치즈는 하얀색임에도 노란색의 가공 치즈가 우리에게는 이미 익숙해져 있기 때문이다.

그만큼 최초는 우리에게 많은 것들을 각인시킨다. 기억의 연상은 우리의 뇌를 자극시키고 기억으로부터 구매를 일으킨다. 그래서 최초에 도입되는 제품은 그만큼 고객들로부터 기억되는 연상이 많아지게 된다.

치킨 시장이 아무리 포화되어도 최초에 치킨 시장을 휩쓸었던 몇몇 프랜차이즈들은 아직까지도 건재한 것은 그만큼 고객들이 최초의 맛을 잊을 수 없기 때문이다. 고객들은 회사가 망해도 브랜드는 기억한다는 말이 있다. 그만큼 최초에 기억되는 브랜드는 잊혀지지 않는다.

제품의 수요를
예측하는 것이 마케팅이다

떡을 파는 가게에서 오늘 팔 물량의 떡을 만들어서 진열해 놓았는데 잘 팔리지 않는다면 남는 떡은 그대로 버려질 것이다. 또한 예상보다 고객들이 떡을 많이 사가지고 가서 떡이 진열대에 없다면 고객이 왔을 때 주인 입장에서 난감할 것이다.

이처럼 물건을 고객들이 얼마나 사갈 것인가를 예측하는 것이 바로 마케팅의 가장 기본적인 활동이다. 고객들의 판매 수요를 예측하지 못하고 너무 많이 물건을 만들게 되면 결국 버려야 하기 때문에 낭비가 발생된다.

유통기한이 짧은 식품의 경우에는 영업하기가 매우 어렵다. 고객들의 수요를 예측한다는 것은 쉬운 일이 아니기 때문이다. 제품의 차별적인 맛과 품질도 중요하지만 제품의 수요를 충족시키는 마케팅의 활동이 뒤따르지 못하면 고객 입장에서는 불만이 증가될 수밖에 없다. 제품이 부족하면 고객들은 금방 뒤돌아설 것이고 제품이 남아돌면 회사 입장에서는 손해이기 때문이다.

　그래서 일반적으로 식품회사들의 경우에는 판촉이나 마케팅 활동이 매우 강하다. 그중에서도 냉장식품의 회사들은 수요예측에 가장 민감하게 반응한다. 냉장 제품이 초기 고객들에게 인지도를 얻지 못하면 바로 다른 제품으로 바꾸어 신제품을 선보이곤 한다.

　그것은 수요예측이 그만큼 어렵기 때문에 마케팅을 통해서 수요를 조절해 나가는 능력이 필요하기 때문이다.

혼자서 공부하는
마케팅
MBA
바이블

Part 6

고객에게 신비함과 긴장감을 제공해라

미국의 쿠폰마케팅은
놀랍다

미국케이블 방송 TLS는 소매점에서 생필품을 구매할 때 쿠폰을 통해서 돈을 절약하는 방송을 내보내고 있다. 쿠폰을 효과적으로 사용함으로써 지출을 줄이는 방식의 프로그램으로 계산대에서 할인액을 점검받아서 확인하는 방법이다.

쿠폰 사용 계획을 공개함으로써 쿠폰이 얼마나 효과적으로 지출을 줄이는지에 대해서 보여주고 엄청난 금액을 줄이는 것을 통해서 소비자들로 하여금 쿠폰 사용의 매력에 빠지도록 만들어 준다.

계산대에서 할인받는 금액의 액수를 보고 놀라움을 감추지 못하는 것에서 도전자들이 넘쳐나고 있다. 한 출연자는 2009년부터 쿠폰닝으로 총 5만 달러 이상 절약을 했다고 소개하며 프로그램의 선풍적인 인기를 끄는데 도움을 주었다.

쿠폰족들은 세일기간, 제조사 쿠폰, 상점에서 제공하는 쿠폰 등을 모두 종합해서 할인 혜택을 받게 되면 기존에 생각하지 못한 큰 금액을 할인받게 된다는 사실을 시청자들에게 알려주고 있다.

💲 불경기 마케팅 전략은 쿠폰이다

한 마케팅조사기관에 따르면 미국의 소비촉진에 도움이 되는 것은 쿠폰시장이며 쿠폰 마케팅을 통해서 투자를 기업들이 하고 년간 4,000억 달러정도의 쿠폰을 시장에 새로 유입시키는 효과를 발휘한다고 전했다.

또한 일시적인 판매의 증가를 확대하기 위해서 쿠폰 마케팅이 점차 정교화 되고 서비스의 질이 증가되고 있는 추세라서 쿠폰 마케팅은 점차적으로 고객에게 신뢰를 얻고 있다.

국내에서도 고객들에게 다양하게 구매를 자극시키는 쿠폰은 과거 식료품 시장에서 쿠폰이 있었지만 사용이 제한되어 있었기 때문에 오프라인 시장에서는 큰 인기를 얻지 못했다. 하지만 스마트 환경이 제공되면서 쿠폰을 언제든지 쉽게 얻을 수 있고 활용이 가능하기 때문에 최근 최적은 절감 마케팅으로 떠오르고 있다.

미국의 소비자들은 쿠폰을 온라인 쿠폰 찾는 사이트, 세미나 등에서 얻는다. 쿠폰만 모아져 있는 사이트가 별도로 존재하기 때문에 쉽게 쿠폰을 얻을 수 있다. 또한 쿠폰을 활용하는 전략이나 방법 등도 자세하게 공유하고 있기 때문에 사용상 어렵지 않다.

또한 쇼셜커머스 등의 쿠폰 등도 다양하게 제공되고 있기 때문에 할인된 가격에서 상품구매의 효과가 증대되고 있다. shopathome. com의 온라인 쿠폰검색 사이트를 통해서 월평균 1,500만 명이 방문하는 것으로 집계되고 있다.

미국에서는 현재 40대의 여성층이 가장 많이 활용하고 있는 것으로 나타난다. 여성층은 그만큼 경제의식이 남성보다 더 강하게 자리 잡고 있어서 다양한 제품의 확장을 위해서는 여성층에게 좀 더 다양한 쿠폰 마련을 통해서 제품 확대 전략을 시도해 보는 것도 방법이라고 판단된다.

국내에서도 마찬가지로 최근 30대부터 40대층까지 다양한 연령대에서 쿠폰의 활용도를 높이고 있다. 특히 스마트 앱을 통해서 쿠폰 활용을 전 연령층으로 확대되고 있기 때문에 쿠폰 마케팅을 통해서 기업들도 재구매 욕구를 높여나갈 것으로 기대된다.

마케팅의 경쟁력은
시장의 가격을 올리는 것이다

일류 브랜드 제품의 가격은 대체로 비싸다. 고가 정책을 고수할 수 있는 것은 그만큼 시장 지배력을 갖추고 있기 때문이다. 고객들은 제품이 비싸다는 인식을 하면서도 브랜드 제품을 구매하는 것은 그만큼 브랜드에 제품의 가치가 반영되어 있다는 것을 믿기 때문이다.

사실, 기업의 입장에서 고가 정책을 고수하는 것은 쉽지 않다. 수많은 경쟁 업체들이 저가격, 고품질로 승부하고 있는데 점유율을 지속적으로 유지시킬 수 있는 것은 어려운 일이다.

하지만 1위 제품은 경쟁사가 가격을 하향한다고 해서 가격을 내리지는 못한다. 가격을 내리면 브랜드의 가치가 하락되고 동시에 제품의 품질적 문제가 하락된다고 고객들은 인식하기 때문이다.

그래서 1위 제품은 고가 브랜드 정책을 유지하되 중저가 제품들을 별도로 판매하여 제품을 가격대별로 Segment하는 것이 필요하다. 고가 정책은 그대로 유지하면서 중저가 브랜드 제품을 육성하는 것이 바로 1위 브랜드 제품을 만드는 비결이다.

수익을 창출하는 마케팅은 시장의 가격을 올리는 것이다. 그런데 제품의 가격을 올리는 것이 얼마나 어려운 일인가? 경쟁사, 고객, 이해관계자 등의 다양한 시선을 극복해야 되는 난관이 있으며 제품의 경쟁력을 자칫 상실할 수도 있다. 하지만 고가 정책이 기업들에게 고수될 수 있는 비결은 가격이 지속적으로 상승하더라도 고객들이 찾을 수밖에 없는 마케팅 전략이 숨겨져 있기 때문이다.

마케팅은 시장의 가격을 조정하는 역할을 한다. 경쟁사 제품으로 이탈하지 못하도록 지속적인 제품의 가치를 창출할 수 있는 마케팅 전략이 발휘되지 못하면 시장에서 고객들에게 외면당하는 것은 순식간에 일어난다.

소위 잘 판매되는 제품은 도소매상들에게는 큰 이익을 창출하지 못한다. 그것은 마진이 약하기 때문이다. 우리가 이미 알려진 브랜드 제품들은 도소매의 경우 마진이 적기 때문에 판매에 인색할 수가 있다.

도소매상들은 잘 판매되지 않는 제품이나 경쟁사 제품들을 선호한다. 마진이 훨씬 좋기 때문에 기존의 브랜드 제품대비 더 적극적으로 판매를 한다. 결과적으로 브랜드 제품이 아니거나 경쟁사 신제품 등은 기존의 브랜드 제품대비 가격대가 비슷하더라도 수익을 창출하기는 힘들다.

수익이 창출되기도 어려운데 마케팅 비용을 사용하기란 더욱 어렵다. 그래서 제품을 고객까지 인지시키려면 유통비용과 마케팅비용이 필요하기 때문에 현실적인 비용문제가 발생되게 된다.

제품의 수익이 지속적으로 확보되기 위해서는 가격결정권을 확보해야 하고, 유통비용을 최소화되어야 하고, 마케팅활동이 고객들에게 1위 제품으로 인지되어야만 가능하다. 그런데 이러한 수익확보가 가능하기까지는 넘어야 할 부분이 유통비용과 마케팅 비용이라는 것이다.

제품이 아주 우수해서 고객들로부터 인지도가 높다고 해서 수익이 창출되는 것이 아니다. 누군가가 판매를 해줘야 되고 고객들은 인지를 해야만 제품 구매가 이루어지기 때문이다. 그래서 제품을 아무리 뛰어나게 개발하고 질 좋은 제품이더라도 유통과 마케팅을 모르면 무용지물이 되는 것이다.

제품을 판매하려면 고객들이 인지를 해야만 한다. 그 인지도를 높이려면 엄청난 비용과 시간이 필요하다. 제품을 확산하기 위해서는 초기 유통비용에 지출이 많이 이루어지게 되며, 유통비용을 통해서 인지도가 향상되면 마케팅 비용에 투자를 하는 것이 전략이다. 유통비용과 마케팅 비용을 동시에 활용하는 것은 매우 불합리한 제품 판매 전략이다.

가격 인상을 할 수 있다는 것은 그만큼 고객들로부터 마케팅 비용의 효과를 보고 있다는 의미며, 유통비용이 축소된 상태라고 볼 수 있다. 그래서 마케팅의 꽃은 가격을 좌우할 수 있는 능력을 갖추는 것이다. 지속적인 수익을 창출하는 기업들을 살펴보면 가격 인상으로 시장의 선점하는 업체들이 바로 마케팅에서는 엄청난 경쟁력을 갖추고 있는 기업으로 평가한다.

신제품이나 비브랜드 제품들은 가격 인상이 쉽지가 않다. 그것은 유통비용이 매우 높기 때문이다. 이 경우에는 도소매업체들이 유통력을 장악하고 있기 때문에 기업 입장에서는 쉽게 가격 인상을 하지 못한다.

마케팅은 제품의 시장 가격을 결정할 수 있는 능력을 갖추는 것이다. 그러기 위해서는 유통에 좌우되는 환경을 극복하고 마케팅을 고객 관점에서 효과적인 경쟁력을 갖추는 노력이 수반되어야 한다.

문제를 일으켜서
고객을 당황하게 만들어라

우리는 늘 끊임없이 새로운 아이디어를 찾아야 한다. 그런데 그런 새로운 아이디어는 아무리 찾아도 나오지 못하는 경우가 대부분이다. 그래서 다른 사업의 경험, 모습들을 통해서 배워야 한다.

우수한 아이디어를 사고팔 수 있는 구체화된 사업화 모델에 대해서 철저한 학습을 해야만 얻을 수가 있다. 과연 기존과 다른 차별적인 성공 요인이 무엇이었는지에 대해서 탐구해야만 아이디어는 얻을 수가 있다.

당신은 무더운 여름날 호텔에서 숙박을 하게 된다고 가정해 보자. 만약에 냉장고가 고장이 났다면 어떻게 하겠는가? 당장 호텔에게 교환이나 수리를 요청할 것이다. 이런 경우에는 원래 고장이 나있었는지 아니면 사용하다가 부주의로 고장이 났는지에 대해서 민감할 것이다.

그런데 호텔 종업원은 연락을 취한지 30초 만에 고객에게 달려와서 잠시 뒤 무조건 새 냉장고로 교체해 주겠다면서 죄송하다고 말한다면 어떻게 하겠는가? 냉장고에 문제가 있어서 귀찮기는 하지만 호텔에서 대우해주는 최상의 서비스에 감동할 것이다.

그런데 호텔은 이미 고장이 난 냉장고에 대해서 연락이 올 것이라는 사실을 알고 있었고 이에 대비해서 서비스를 진행한 것이다. 고객에게 선보일 수 있는 최상의 마케팅 전략을 냉장고를 활용해서 진행해온 것이다.

호텔은 고장 난 것이 오히려 고객에게는 불편함을 줄 수 있지만 문제를 즉시해결해 줄 때 고객 만족도가 더 높이 올라간다는 사실을 알고 있었다.

이 이야기는 오늘날 세계 최고의 호텔로 성장한 미국의 한 호텔에 대한 사례를 이야기한 것이다. 호텔은 고객에게 최고의 편안함을 선보여야 된다는 선입관이 있지만 고객은 서비스를 직접적으론 느끼고 경험하게 될 때 인지의 효과가 더 크다는 측면에서 이러한 마케팅을 펼치는 것이다.

국내 기업들도 무상으로 제품을 교체해주거나 수리해주는 서비스를 선보이고 있는데 이러한 측면은 바로 고객감동을 실현하고자 하는 마케팅에서 출발한 것이다.

이미 기업들은 제품의 결함이나 고객이 연락 올 것이라는 것을 알고 있기 때문에 고객에게 기억할 수 있는 마케팅을 펼치면서 인지도를 높이는 효과를 보고 있다. 고객이 행동하는 모든 것들에 대해서 기업은 인지하고 대응한다는 사실을 기억해야 한다.

시장을 **과학화** 한다는 것은
어떤 **의미**일까?

시장의 경쟁에서 이기기 위해서는 3CCustomer, Competitor, Company를 제대로 파악하는 것이 중요하다. 시장을 기획하고 구성하는 사람을 마케팅의 생태학자라고 표현하기도 한다.

마케팅은 시장 안에서 펼쳐지고 활동하는 사람들이 모이게 만드는 도구를 제공한다. 도시를 기획하거나, 숲을 만들거나 할 때 우리는 누군가가 머물러 있는 곳을 만들어야 하는데 그것을 마케터는 잘 읽고 누구를 살게 할 것인지를 고민해야 한다.

우리의 고객은 누구인지? 우리의 경쟁사는 누구인지? 우리 회사의 경쟁력은 어느 것인지를 명확하게 파악해야만 시장에서 우위를 점할 수 있다.

그런데 이런 3C의 영역 이외에 시장을 바라보는 분석들이 과거보다 더 과학적으로 운영해야만 한다. 최근에 시장을 과학적으로 운영하기 위한 측면에서 영업의 효율성이 강조되고 있다.

점점 더 영업은 어려워질지도 모른다. 기존에 가지고 있던 영업사원들의 영역이 시스템으로 자리 잡게 되면서 영업이 추구하는 능력의 조건도 다르게 판단되고 있다.

한국의 문화는 아직까지 연공서열의 문화가 있다. 하지만 최근 영업사원들 사이에서는 이런 영역들이 과감히 파괴되고 있는 현상을 자주 보게 된다. 나이가 많건 적건 간에 영업사원의 업무 영역은 동일하게 되고 동일 업무를 수행하는 포지션으로 바뀌고 있다.

시장을 분석하는 능력이 정교화 되면서 영업사원이 시장을 관리하고 매출을 올리는 방식이 바뀌게 된 것이다.

최근에는 시장에서 벌어지고 있는 현상에 대해서 과학적으로 해석할 수 있는 능력을 갖춰야만 프로 영업 사원으로 인정을 받게 된다.

그것은 시장을 많이 방문하는 행위와 매출과의 상관성을 분석할 수 있는 능력이 필요하다. 영업을 통해서 매출을 확보하는 행위는 이제 더 이상 개인의 능력으로 볼 수가 없다.

어떻게 보면 앞으로 시장의 영업사원 영역은 점차 줄어들 수밖에 없으며 시장을 시스템으로 관리하는 영역만이 존재하게 될 것이다. 과거의 영업은 이제 프로세스 전문가로 새롭게 변하기 때문이다. 회사에서는 이제 PDA와 ERP 시스템을 이해 못하면 더 이상 영업을 못한다. 그만큼 시장에서는 시스템화 되어 가고 있고 현장에서 관리에 의존하는 영업은 사라져가고 있는 것이다.

마케팅은 고객에게 **가치**를 **판매**하는 **활동**이다

시장이란 무엇인가? 시골마을 시장을 가면 물건을 사는 사람, 파는 사람들로 붐빈다. 때때로 시장 안에서는 흥정이 벌어진다. 얼마의 가격으로 팔 것인지, 얼마의 가격으로 살 것인지 서로 생각하는 범위가 정해져 있다. 마케팅이 발휘되는 순간은 그 정해진 가격 내에서 파는 사람에게 있어서 필요한 수단이 된다. 만약에 가치가 낮은 제품을 남들보다 비싸게 팔려는 노력을 한다면 다시는 고객을 상대하기 어려울 것이다. 마케팅에게 있어서는 가장 중요한 것이 고객가치를 판매하는 것이다.

우리는 영업과 마케팅이라는 것을 혼동하기도 한다. 영업도 물건을 파는 것인데 마케팅은 영업을 잘 수반 되도록 만드는 포괄적 의미로 표현한다. 하지만 영업과 마케팅은 서로 구분할 수 없는 영역이다. 구직자들 사이에서 일반적으로 영업은 하부 조직에서 물건을 파는 일이라고 해서 꺼리고 마케팅은 제품을 기획하고 전략을 짜는 일이라고 해서 선호하는 그런 형태를 보이는 것이 일반적이지만 그것은 잘못된 판단이다.

마케팅이나 영업은 둘 다 판매활동의 최 일선에서 같은 고민을 하고 같은 전략을 짜서 수행해야만 한다. 마케팅은 영업활동이 필요 없게 만드는 것이 진정한 목표점이다. 제품을 판매할 때 영업활동이 필요 없게 만드는 것이 진정한 마케터의 역할이다.

영업은 마케팅의 하부 조직이라는 발상은 잘못 해석한 것에 불과하다. 마케팅이나 영업은 둘 다 고객에게 판매하는 활동을 한다. 마케팅은 고객의 가치를 판매하는 활동이고 영업은 제품을 판매하는 활동영역이다.

고객은 제품을 구입할 때 가치가 있어야 한다. 그리고 가장 적절하게 잘 구매했다는 생각이 들어야만 다시 재구매를 하게 된다. 단순한 요행이나 속임수로 고객의 제품을 판매해서는 고객의 가치점을 올릴 수가 없다. 그래서 고객에게 가치를 제공하는 영역이 바로 마케팅 영역이다.

만약에 제품만 판매하기 위해서 고객에게 어떻게든지 제품을 밀어내기식으로 판매한다면 고객들은 특별한 가치를 느끼지 못한다. 때로는 영업현장에서 재고가 쌓여서 판매가 안 되니 빨리 마케팅을 시행해서 판매를 강화하라고 하지만 그것은 엄밀히 말하면 마케팅의 수단이 아니다.

마케팅이 필요하다는 것은 고객에게 가치를 제공해 줄 수 있는가를 판단해 보면 알 수가 있다. 밀어내기식 제품을 판매할 때 마케팅력을 발휘한다는 것은 고객의 가치를 낮게 만들 수 있는 활동이다. 이처럼 시장에서는 마케팅과 판촉을 잘못 해석해서 벌어지는 것들이 너무도 많다. 고객의 가치를 수반하지 못하면 마케팅 영역이 아니라는 점을 분명히 인식해야 한다.

마케팅의 전략은
영업에서 나온다

기존고객, 기존상품은 고객을 밀착 관리해야 하는 영업이 있어야 한다. 그러기 위해서 기존 고객들과 면밀하게 협의하고 고객들이 원하는 제품에 대한 요구사항을 제공해 주어야 한다.

고전적 영업은 치열하고 경쟁사와 보완적 관계를 가지게 된다. 시장에서 M/S가 낮으면 공략대상이 된다. 시장에서 종류별로 어떤 시장이 어떻게 성장하고 있는 부분인가가 확실하게 정해지게 된다.

시장의 성장률은 그만큼 중요하다. 시장의 성장률에 따라서 매출이 좌우되는 것은 물론이거니와 시장의 성장 사이클이 중요한 기회로 자리 잡을 수 있다. 시장 성장률이 높을수록 매출의 비중도 작지만 초기에 성장률이 높은 사업은 시장 규모가 커질 수 있기 때문에 시장규모를 점진적으로 파악할 수 있어야 한다.

과거에 공급자 중심에서 수요자로 변화하는 시장은 조선이나 자동차 등 대형 투자 사업들이 기본을 이루고 있다. 특히 B2B 시장의 경우에는 정보 인프라가 그만큼 취약했기 때문에 산업의 성장이나 고속 성장들이 고객중심으로 맞추어져 있지 못했다.

회사의 영업실적은 많이 팔리기 위해서 노력한 결과로만 생각한다. 하지만 회사의 실적이 향상되기 위해서는 제품의 질도 중요하지만 무엇보다도 중요한 것은 고객에게 제공되는 방법의 차이를 모르기 때문이다. 다수의 마케팅력을 보유한 회사들이 잘하는 것 중에 하나는 마케팅 로직이 철저하다는데 있다.

낭비적인 요소를 배제하고 마케팅 로직이 철저하게 갖춰진 기업에서는 스스로 영업의 한계를 뛰어넘을 수 있는 제품들이 나온다.

마케팅은 누구나 할 수 있는 것이지만 어떻게 효과적으로 잘 수행하느냐의 차이에 따라서 기업의 성과가 달라진다. 마케팅의 로직이 회사에서 얼마나 중요한지를 잘 모르는 경우가 많다.

영업의 스킬이나 테크닉이 중요한 요소지만 중요한 것은 마케팅의 로직이 잘 짜여진 상태에서 영업이 진행되어야만 가능성 있는 로직이 실현되는 것이다.

전체적으로 영업이 마케팅적 측면에서 가지고 가야할 것에 대해서 마케팅 로직을 안다는 것은 영업의 목적에 맞는 마케팅로직을 잘 수행하고 있다는 것을 의미한다.

온라인 마케팅의
법칙은 따로 있다

몇 년 전에 리바이스는 재미있는 트위터 이벤트를 전개했다. '아이스파이' 라는 이벤트로 스파이가 백화점에서 자신이 있는 위치에 대해서 팔러워들에게 공유시키면 그 위치를 찾아내면 스파이의 청바지를 주는 행사였는데 호주에서 30만 명 이상이 참가를 한 놀라운 모습을 보였다. 그만큼 온라인 소통이 활발해 지면서 바이럴 마케팅을 활용할 수 있는 기회가 많아진 것이다.

소셜의 가치는 소통이다. 소셜의 마케팅에서 가장 중요한 것은 신뢰와 소통의 가치를 어떻게 담아내서 고객들과 소통하느냐의 관점이 중요하다. 소수의 의견이 그만큼 큰 파급효과를 미치기 때문에 소셜의 기능을 최대한 활용한 마케팅 전략이 필요하다.

자신이 좋아하는 제품에 대해서 공유하고 홍보하는 활동을 이제는 고객이 직접적으로 나서서 만들고 있다는 것이다. 페이스북에서 유명한 제품 브랜드 애용자들은 스스로 제품 페이스북을 만들어서 애호가임을 알리고 있다. 그만큼 사용 제품에 대한 경험과 즐거움을 표시하는 것은 또 다른 마케팅의 기회다.

하지만 온라인 커뮤니티의 기능을 기업들이 악용하는 사례도 적지 않게 나타나고 있다. 제품의 이용구매 후기 댓글 작성을 허위로 작성한다든지 하는 행위 등으로 고객들을 유치하는 사례가 적지 않게 나타나기 때문이다. 유명한 맛집 블로그 등이 업체로부터 돈을 받고 댓글이나 허위로 맛있는 가게인 것처럼 꾸미는 행위가 종종 나타나기 때문에 온라인상의 마케팅이 과잉되었다는 지적도 나타나고 있다.

온라인 마케팅의 성공을 위해서는 다양한 재미와 차별성이 시도되어야 한다. 가령, 트위터, 페이스북 등을 활용한 마케팅은 자발적인 확산에 기여되는 마케팅이어야 한다. 깜짝 놀랄만한 제품의 홍보 방식이라든지 웃음과 놀라움을 주는 이벤트적인 마케팅이 시도되어야만 고객들은 전달력이 생기게 된다.

평범한 내용으로는 사람들이 크게 관심을 갖지 못하기 때문에 온라인 마케팅의 특징을 잘 활용하려면 다수의 사람들에게 웃음과 재미를 부가적으로 줄 수 있는 차별적인 마케팅 전략으로 승부해야 한다. '우리 제품은 정말 좋습니다'라는 컨셉은 이제 통하지 않는다. 온라인 고객들은 똑똑하고 현명한 소비의 달인들이기 때문에 더 싸고, 더 가치 있고, 더 즐겁지 않으면 구매하지 않는다는 특징이 있다.

최근에 마케팅이 진화되고 있는 것 중에 하나는 여러 사람들이 공감을 해야 된다는 것이다. 제품의 홍보에만 열을 올리는 것이 아니라 꼼꼼하게 보고, 읽고, 느낄 수 있는 체감 마케팅이 온라인에서도 떠오르고 있다.

트위터 마케팅은 어떻게
승부를 해야 할까?

　기업들이 트위터가 세상에 나왔을 때 신기함도 있었지만 고민이 참 많았다. 트위터를 통해서 홍보를 해야 할지 말아야 할지부터 시작해서 회사의 모든 사항들이 이제 트위터로 공개가 되다 보니 어떻게 고객들의 불만들을 잠재울 수 있을까? 라는 고민이 많았다.

　지금 트위터가 활성화되어 있으면서 트위터 마케팅을 펼치고 있는 기업들이 증가추세에 있다. 트위터 마케팅은 고객들이 바라볼 때 그리 좋은 마케팅 수단이 아니라고 이야기를 한다.

　왜냐하면 기업들은 뉴스와 같은 신속한 정보의 수단이 마케팅으로 활용 되는 측면에서 부담이기 때문이다. 신속하게 퍼져나가는 정보는 뉴스와 같이 안 좋은 소식이나 기업의 이미지 실추와 같은 내용들이 담겨 있을까 봐 고민이다.

　그래서 트위터 마케팅은 제품의 판매라든지 홍보에 대한 관점은 관심이 낮다는 판단이 많고 실제로 그런 측면으로 트위터가 움직이기 때문에 트위터는 일종의 감시자이면서 고객들의 의견을 수렴하는 도구로 활용하는 측면이 많다.

한때 스타들의 실생활이나 이슈 등에 집중되었던 트위터들이 자유롭게 자신의 의사를 표현하는 공간으로 변화되면서 트위터를 바라보는 시각은 다양한 관점이 존재한다.

트위터를 통해서 성공을 거두는 마케팅 관점은 무엇인가? 그것은 팔로우의 영향력 때문이다. 미국의 유명한 영향력 있는 사람들은 트위터를 통해서 자신의 의견을 상호 공유하며 수백억 개가 넘는 글을 트위터에 남겼기 때문에 가능했다는 이야기다.

미국의 팝 가수 레이디 가가는 580만 명의 팔로우를 가지고 있다. 레이디 가가가 미국에서 의회 표결을 앞두기 전에 동성애자의 군복무 허용 의사를 표명하자 민주당이 부담스러워 했던 것은 바로 그의 팔로우 때문이었다.

트위터가 처음 나왔을 때는 신속하지만 활용도가 떨어진다는 의견이 지배적이었다. 하지만 트위터는 재미를 부가했기 때문에 신속하면서도 몇 마디 글에 재미적인 요소로 누구나 쉽게 접근이 가능했기 때문에 성공한 것이다.

트위터를 얼마나 현명하게 마케팅에 활용하느냐에 따라서 마케팅은 충분히 달라진다. 트위터는 참여, 개방, 진실이라는 패키지가 있기 때문에 작고 착한 마케팅이라고 한다. 최근에 트위터 마케팅을 효과적으로 수행하기 위해서 기업들은 분주하게 움직이고 있는 이유이다.

휴대폰에서 늘 새로운
마케팅이 창출된다

2015년도쯤에는 스마트폰 인터넷 사용자가 컴퓨터 인터넷 사용자를 추월한다는 결과치를 마이크로소프트사가 최근 발표하였다. 그만큼 스마트폰은 새로운 혁명으로 발전하고 있으며 스마트폰 하나에서 웬만한 일처리부터 다양한 세계를 만날 수 있는 길이 열리게 되었다.

그러면서 모바일 시장에서 마케팅의 각축전이 벌어지고 있다. 더 이상 매장에 나가지 않고도 모바일을 통해서 제품을 구매할 수 있으며 다양한 상품평을 검색할 수 있기 때문에 마케팅의 집합체가 되고 있다. 요즘은 특히 모바일 광고시장이 뜨고 있다.

스마트폰의 잠금 화면에서 광고만 보아도 현금이 쌓이는 새로운 개념의 광고 전략이 시장진출을 활발하게 하고 있다. 광고의 시장이 인터넷으로 옮겨지는데 10여 년이 걸렸다면 스마트폰으로 옮겨지는 시기는 몇 년이 걸리지 않을 것으로 내다보고 있다.

마케팅의 속도 역시 스마트폰으로 인해서 고객들이 인지하는 속도가 빨라졌기 때문에 그만큼 빨리 변해가고 있다. 고객들의 반응을 측정하는 속도가 과거보다 몇 배는 빨라졌기 때문에 그만큼 과거처럼 독점적인 사업구조를 가질 수 없는 것이 요즘 기업의 현실이다.

자고 일어나면 새로운 제품을 고객들은 볼 수 있고 빠른 피드백이 돌아오기 때문에 다양한 시장에서 더 치열한 경쟁이 펼쳐질 수밖에 없는 것이다. 스마트 시대에는 마케팅도 차별화되지 못하면 생존에서 밀리게 된다.

새로운 기술을 팔려면
영업 전문가를 영입해라

새로운 시장을 창출하는데 있어서 기술의 개발은 매우 중요하다. 하지만 고객이 원하지 않는 기술은 아무 쓸모가 없다. 기술개발만 되어 있으면 무조건 시장에서 받아 줄 것이라는 착각을 하게 된다. 그래서 마케팅의 시장조사는 그만큼 중요하다.

시장에서 향후 필요로 하는 기술이 개발되어야 한다. 철저한 시장조사가 그만큼 뒤따라야 한다. 그럼에도 기술개발을 먼저 추진하고 시장을 개발하려는 기업들이 많다. 이는 기존까지 대기업들이 추진해 온 사업화의 프로세스 때문이다. 국내 대기업들은 기술을 독점적으로 확보한 후 시장이 열릴 때 누구도 진입하지 못하는 철벽을 쌓아서 이익을 얻는 경우가 많았기 때문이다.

어찌 보면 가장 단순한 사업화 모델이다. 하지만 이제는 글로벌 시대에 접어든 만큼 기술력이 있더라도 시장에서 반응이 없으면 아무 소용이 없다. 무조건 기술을 가지고 고객들을 리딩 하는 시대는 지났다. 시장에서 필요로 하는 기술을 개발해야 한다.

누가 보더라도 시장에서 필요한 획기적인 기술력을 갖추었는데 시장에서 수용하지 못하는 경우가 발생하곤 한다. 특히 중소기업들은 이런 고통을 호소하기도 한다. 기술을 보유하고 있지만 시장진입에 실패해서 기술이 무용지물이 되는 경우를 많이 보게 된다. 새로운 신기술을 시장에 적용하기 위해서는 다음과 같은 마케팅 전략이 필요하다.

우선은 시장에서 특화된 기술에 대해서 어느 정도 관심을 가지고 있는 고객층에 대한 20%의 수요를 미리 확보하는 것이다. 그리고 그 수요층을 집중적으로 영업을 하는 것이다. 영업 전문가를 영입해서 확실한 수요층을 발굴해 내는 역할이 필요하다. 그 20%의 고객이 향후 50%의 고객을 움직일 수 있기 때문이다. 시장은 항상 변화를 주도하는 리딩 고객층이 있다.

결과적으로 그 고객층을 어떻게 설득하느냐에 따라서 시장의 주도권이 바뀌게 된다. 그리고 나머지 30%에 대한 고객은 기술개발에 부정적이고 변화하기 싫은 고객층들이다. 이런 고객층에 대해서는 변화를 하려고 노력할 이유는 없다. 포기하는 고객층도 엄밀하게 말하면 있는 것이다.

기술을 개발해서 시장에 적응할 때는 20% 변화하려는 고객층의 요구사항을 잘 받아들이고 영업을 확실하게 할 수 있는 전문가를 확보하는 것이 무엇보다 중요하다. 무조건 시장에 진입하려는 무모한 생각보다는 기술을 바탕으로 20%의 핵심 고객을 설득할 수 있는 마케팅 전략이 필요한 것이다.

Part 7

고객이 다시 찾도록 여운을 남겨라

새롭고 독창적인 마케팅은
고객들이 창조한다

최근 시장은 고객들이 직접 제품을 만들어 나가는 마케팅이 활용되고 있다. 기업들은 모디슈머Modisumer라는 마케팅 전략을 활발하게 전개되고 있다.

모디슈머는 변경하다라는 'Modify'와 'Consumer'가 합쳐져서 만들어진 신조어다. 여러 제품을 합쳐서 새로운 제품으로 만드는 마케팅 전략이다.

최근에는 고객들의 취향에 맞추어 만든 레시피가 뜨고 있다. 식품의 조리법을 그대로 따라서 만드는 사람들은 극히 드물다. 대부분은 이미 알고 있기도 하지만 식상하게 그대로 읽고서 만들지는 않는다. 그래서 요즘은 실제로 고객들이 만드는 레시피를 활용해서 제품이 출시되고 있다.

식품업계는 정형화된 레시피는 벗어던지고 고객들이 차별화된 레시피를 제품에 실제로 도입하고 있다.

라면 시장에서 새로운 짜파구리라는 아이템이 나왔다. 이는 농심의 짜파게티와 너구리를 넣고 끓인 제품을 의미한다. 몇 년 전에 한 대학생이 블로그에 이런 레시피를 소개했었는데 방송가에서 이런 레시피를 소개하면서 검색어 1위에 오르면서 단숨에 짜파구리가 인기를 얻게 되었다.

실제로 이 기간 동안에 너구리와 짜파게티의 매출은 증가추세를 보였으며, 새로운 결합 제품들이 구상되고 있다. 너구리와 떡볶이를 결합한 너볶이 등 여러 가지 아이템들을 마케팅에 활용하고 있다.

이처럼 독창적인 마케팅 컨셉은 회사에서 제시하기가 어려운 것들이다. 고객들의 입맛에 대해서 찾기가 어렵고 단순한 아이디어에 그칠 수 있기 때문이다.

하지만 이제는 고객들이 직접적으로 제품을 새롭게 확장하고 창조하는 역할을 하고 있다. 고객들이 새롭고 창의적인 마케팅을 이끌고 있는 것이다.

기업들은 고객이 만들어 나가는 제품의 컨셉 확장에 많은 관심을 기지고 기회를 발굴해 나가고 있고 그것을 홍보 효과로 활용하여 매출을 끌어올리고 있다.

마케팅의 **다양한**
전략을 **활용**해라

어떻게 경쟁사를 쉽게 따돌리고 1위 자리를 차지할 수 있을지?

이것은 기업들이 하는 고민거리다. 판매하는 곳에는 시장 파이가 이미 정해져 있다.

성장이 멈춘 파이에서는 더더욱 그러하다. 그 파이에서 1위 자리를 빼앗으려면 피나는 혈투가 벌어져야만 가능할 것이다. 즉, 한 곳이 죽어야만 1위 자리는 탈환된다는 의미다.

그런데 그렇게까지 파이가 늘지 않는 시장 안에서 죽도록 1위를 한다는 것이 어떤 의미가 있을까? 결과적으로 1위가 되어도 오래 못가서 파이는 점차 줄기 때문이다.

그러나 하위 기업들은 그런 것을 생각하지 못한다. 지금 당장 자신들이 살아남기 위해서는 파이를 중요하게 생각하지 못한다.

반면에 1위 업체는 1위가 되면 파이를 키워야 한다. 키우지 못하면 곧 경쟁사가 따라붙어서 자멸의 위기로 빠져들기 때문이다. 시장은 늘 그렇게 변화된다.

  1위 업체는 하위 업체를 쫓아내려는 전략보다 지금 있는 시장에서
더 큰 시장으로 변화시켜야 한다. 자신만 차지하고 있는 시장에서는
절대로 성장할 수 없기 때문이다.

매출이 수익으로
이어지지 않는 까닭

　신제품이 출시되면 영업활동에서 생각하지 못한 비용들이 발생한다. 제품이 팔리지 않으면 않을수록 수익으로 이어지지 못하는 것을 경험하게 된다. 제품이 팔리지 않으면 프로모션을 해야 되고 그 비용의 지출이 곧 제품을 망가트리는 구조로도 갈 수 있다.

　신제품의 위험한 함정에 빠지지 않으려면 초기에 제품의 판매수익 구조를 어떻게 가져 갈 것인지의 로직이 견고하게 설계 되어야 한다. 하지만 우리는 그런 로직 따위는 중요하게 생각하지 않는다.

　소위 한방을 믿기 때문이다. 신사업이나 신제품을 할 때 수익창출이 어려운 이유는 제품이 잘 팔리지가 않아서라기보다는 초기에 마케팅 비용관리를 효과적으로 수행하지 못해서 벌어지는 경우가 대다수다.

　어떻게든지 팔리게끔 하려는 모험이 지나친 비용경쟁을 부추겨서 결과적으로 장기간 제품을 통해 어느 정도 매출을 올려도 수익과 직결되지 못하는 문제가 나타나게 된다.

그렇다면 매출이 곧 수익으로 연결시키기 위해서는 어떠한 전략을 활용해야 할까? 시장에서 매출이 확산되는 경우는 다양한 이슈가 있어야 한다.

제품을 판매하는 구조에서는 비용이 증가한다. 계획을 정교하게 세우지 못하면 제품이 시장에서 판매되는 구조에 쉽게 당하고 마는 것이다. 시장에서 제품을 끌어들이는 기회는 비용이 만들기 때문에 그것을 일정 기간 파악하지 못하면 그대로 손실되는 비용이 된다.

복잡하고 어려운 계획들은
과감하게 버려라

　시장에서 요구하는 마케팅의 범위는 뻔하다. 수요, 매출, 이익, 생산 등 수많은 마케팅의 구조를 이해하고 있다. 그런데 마케팅은 실행을 하려면 혼자서 움직일 수 없는 구조를 가지고 있다. 여러 부서의 담당자들에게 협조를 구하거나 의사결정을 받아서 진행해야 한다.

　그런데 마케팅을 실행하기 위해서는 복잡하고 다양한 요구조건을 수용해야 하는데 고객들은 기다려주지 않는다. 회사의 복잡한 절차에 관심이 없다. 마케팅은 즉시 실행해야 한다. 그동안 마케팅이 전략적인 판단을 통해서 결정되었다면 이제는 실행력에 의사결정 구조를 창출해야 한다. 전략적 판단이 우선시 되는 이유는 마케팅의 복잡한 의사결정이 조직 내에서 진행되어야 하기 때문이다.

　마케팅은 실천하는 행위에서 벌어지는 활동을 이슈로 담아내야 한다. 회사 내의 진입단계에서의 마케팅 전략을 너무 복잡하게 만들면 시장에서 반응의 속도가 읽혀지지 않게 된다.

　제품이 만들어지면 회사 내부에서는 가격을 결정하고, 어느 시장에 침투하고, 어떤 유통단계로 확장할 것인가에 초점이 맞추어져 있다. 제품을 얼마나 많이 생산하고 계획할 것인가와 제품의 홍보 관점에서 어떤 홍보라인을 가져가야 할지를 사전에 계획한다.

그런데 그런 활동력이 계획적으로 맞아떨어지지는 않는다. 마케팅 전략은 시장에서 결정되기 때문이다. 시장의 반응에서 어떤 변화가 오는지를 감지하면서 시장을 경험해야만 좋은 대안의 마케팅이 계획적으로 만들어질 수가 있다. 초기 시장침투 전략이 그만큼 중요한 이유다. 그럼에도 우리는 초기부터 시장에서 성공을 위한 플랜만 잔뜩 구상한다.

당신이 갖춘 **마케팅 전략**의 **실체**는 무엇인가?

만약 당신이 회사의 제품이 팔리지 않아서 회사가 문을 닫게 된다면 어떻겠는가? 이직을 하면 되는가? 이런 고민을 해보지는 않았을 것이다. 제품이 시장에서 반응을 보이지 않는다는 가정을 세우지는 않았을 것이다.

이런 경험이 찾아온다면, 대부분은 왜 시장에서 제품이 팔리지 않았는지를 분석하고 경쟁사대비 무엇이 문제인지를 알려고 할 것이다.

하지만 정확하게 파악하지는 못한다. 그것이 한계이기 때문이다. 정확하게 원인을 파악하는 것은 익숙해 있지 않다. 그저 자금이 부족하고, 시장의 기회가 어렵고, 사업성이 없다는 이유가 전부이다.

시장을 분석하지 못하는 사람들은 기회를 알더라도 진입하지 못한다. 회사의 제품이 판매되지 않는 고민을 당신이 몇 번이라도 해봤다면 그것에 대해서 어떤 원인을 제공할 수 있는가?

시장을 내다보는 분석은 자료를 검색하고 보고서를 만드는 일과는 다른 부분이다. 시장을 정확하게 분석하지 못하는 원인은 바로 있는 자료를 그대로 활용하기 때문이다. 자신이 어떠한 상황에서 시장을 기회로 파악하고 그 나름대로의 기준을 정립하지 못하고 시장이 진행되는 다른 모습들을 읽는 것은 그만큼 준비되지 못한 시장에 진입하기 때문에 어려운 것이다.

당신이 준비하는 기초적인 시장자료들은 누구의 것인가? 그 주인을 파악해 보라. 당신이 스스로 시장을 분석하고 그 시장에 합당한 전략을 만들어 내고 의사 결정할 수 있는 기회를 만들 수 있는가?

우수한 마케팅 보고서는
전략이 반영될 수가 없다

흔히 능력이 출장한 마케터들은 보고서의 천재적인 능력을 갖추고 있다고 자부한다. 대다수 컨설팅을 받아서 그들이 말하는 전략을 리더들은 따르거나 보고서로서 훌륭하다는 생각에 빠져 있다.

하지만 우수한 마케팅 보고서들의 대다수는 실행과는 거리가 먼 것들이 대부분이라는 사실을 간과하지 못하면 큰 오류에 빠지게 된다.

눈에 잘 보여 지고 꾸며진 것은 그만큼 시장에서 기회를 제공받지 못할 가능성들이 많기 때문이다. 훌륭한 전략적 마케터들은 자료를 꾸미지 않는다.

왜냐하면 실행에서 오는 오류들이 기록으로 남기 때문이다. 그래서 기획보고서와 마케팅 보고서는 그만큼 차이가 나는 것을 인지하지 못한 리더들은 그 이후의 실행력이 떨어지게 된다.

능력이 뛰어난 마케터들은 보고서 자체를 신뢰하지 않는다. 현장에서 벌어지는 수많은 상황 변수들이 나올 수 있기 때문이다. 마케팅의 보고서는 정확성과 신뢰도를 요구한다. 단순한 아이디어를 추구하기보다는 얼마나 실행에 가까운 현실 가능한 수준인가를 먼저 보아야 한다.

실행력을 반영시키기 위해서는 발로 뛰어다니는 보고서를 만들어야 한다. 우리는 시장에서 벌어지고 있는 일들을 자리에서 앉아서 판단하는 경우가 대부분이다. 우수한 보고서라는 것은 현장을 통해서 실행 가능한 상황들을 만들어 나가는 것이다. 단지 추측성 예측을 하는 보고서는 아무 쓸모가 없다.

마케팅 보고서는 결과에 대한 보고, 제품 개발에 대한 보고, 개선 사항에 대한 보고 등 다양한 영역이 있다. 보고서에 담는 내용들은 대다수 장밋빛 전략을 내놓거나 결말을 좋게 표시하는 형태가 대부분이다.

이는 실제로 우리가 가상의 전략을 활용할 때 어떻게 될 것이라는 사실을 생각하지 못하기 때문이고 시장에서 벌어지는 세부적인 고객 의견들을 수렴하지 않았기 때문이다.

호감을 증대시키려면
진실해야 한다

거래 관계에 있어서 고객은 항상 변한다. 잘해줘도 변하고 못 해줘도 변하는 것이 고객이다. 선거 때마다 여론조사를 실시하는데 고객들의 표심이 어떤지는 마지막까지 알 수가 없다. 고객이 제품을 선택하더라도 다음에 또 고객이 찾아 올 것이라는 믿음은 없다.

고객은 늘 변심하고 어디로 갈지 모른다. 그래서 마케팅도 고객이 어떤 생각을 가지고 있는지를 파악하지 못하면 무용지물이 된다.

고객은 절대로 이해하려고 하지 않는다. 그 이유는 고객의 입장에서는 항상 돈을 지불한다는 사고가 있기 때문이다. 고객들은 자신들이 받는 서비스나 품질에 대해서 이해하려고 하지 않는 습성이 있다. 당연히 그것은 받아야 한다는 사고가 있기 때문이다.

그래서 고객에게는 논리적인 설득을 하기가 어렵다. 고객을 설득하려면 논리적인 말과 행동보다는 감성적인 측면으로 접근하는 것이 효과적이다. 고객을 붙잡으려면 가격과 품질, 서비스의 질적인 수준으로 승부하기 보다는 고객의 감성을 흔드는 전략이 중요하다.

고객도 사람이고 사람을 상대하는 측면으로 접근해야만 고객도 맘을 열 수가 있다. 고객들에게는 원칙과 절차로 접근하려는 것보다 진실된 자세를 바탕으로 호감도를 높이는 전략이 중요하다.

당신의 제품은 나름대로 괜찮은 편인데 구매를 할 때는 왠지 싫다고 말하는 고객이 있다면 어떻겠는가? 아마도 이유도 모른 채 싫다는 고객들을 상대하려면 참으로 난감할 것이다. 사람들은 누구나 호감이라는 것이 있다.

세계적으로 유명한 컨설팅 회사에서 기업들의 컨설팅 만족도와 컨설턴트 간의 호감도 조사를 했는데 고객들은 만족도가 낮은 결과물을 받았을 때 호감이 높은 컨설턴트에게는 상대적으로 문제를 삼지 않는데 호감도가 낮은 컨설턴트에게는 상당한 클레임을 제기한다는 결과의 반응이 나왔다.

이는 능력을 더 중요시해야 되는 컨설턴트에게 능력과 호감도 중에서 결과적으로 호감도가 높은 사람들에 대해서 더 큰 끌림을 받는다는 것을 의미한다.

그렇다면 호감도는 어떻게 표출되는 것일까? 오랫동안 호감도에 대해서 연구해 온 티지아나 카시아 교수는 상대방을 대할 때의 진실성이 가장 큰 호감도를 발휘한다는 것을 깨달았다.

90년대 시장에서 미국의 한 출판사는 기적 같은 일을 경험하게 된다. 미국 전역에 220개의 지점 중에서 219위에 머물고 있는 샌프란시스코 외곽의 지점에 새로운 지점장이 발령 나면서 1년 만에 1위로 올라서는 일이 발생되었다. 그뿐만 아니라 이 지점은 이후 5년 연속으로 1위 자리를 내주지 않았다. 이후 10년 내내 1위 자리를 유지할 수 있었던 비결에 대해서 많은 기업들이 벤치마킹 하기 시작하였다. 그 비결은 바로 진실성에 있었다.

이곳의 지점장은 지점원에게 지시와 명령에 의한 메일 내용을 가슴 뭉클한 내용이나 동영상을 메일의 마지막 공간에 항상 보내주고 있었다. 별다른 비결이라고 말하기 어렵지만 이러한 자신감을 보여주는 태도는 직원들을 단숨에 바꾸어 놓았다.

그 이전까지 이메일을 열면 명령과 독설 등이 난무했었지만 새로운 지점장은 메일을 열고 싶어지도록 만드는 진실함이 녹아 있었기 때문에 직원들에게 더 강한 동기를 유발시켰던 것이다. 그 후로 많은 기업들의 이러한 리더십을 벤치마킹했고 리더들이 따라하기 시작했지만 진실성이 없는 형식적인 행위는 좋은 결과를 나타내지 못했다. 호감이 나타나기까지에는 반드시 진실 된 간절한 리더의 역량이 충분히 녹아 있어야 가능한 것이다.

마케팅에서도 진실함은 곧 호감을 증대시키는 것이다. 렌터카의 2위 업체 아비스는 광고에 우리는 2위지만 열심히 하겠다는 표현의 카피 문구를 사용했다. 그런데 이런 문구를 사용하기까지 내부적으로 많은 반대로 어려움이 많았다. 2위를 표면적으로 드러내는 것이 과연 고객들이 볼 때 어떤 행동을 하겠느냐는 반응 때문이었다.

하지만 실제로 광고를 진행한 후 점유율은 20%이상 증가되는 기현상을 경험하게 되었다. 즉, 2위라는 진실된 마음이 고객을 움직인 것이다. 진실된 마케팅은 고객들도 외면하지 않는다는 사실을 입증한 것이다. 한 유명인사가 자신의 불편한 이야기들을 솔직하게 말하거나 회사의 고질적인 문제점을 들추어내서 고객들에게 알리는 것은 어찌보면 진실하고자 하는 가치를 보다 잘 드러내도록 하는 마케팅 방법일 것이다.

기술력에 **의존**하면
시장을 보지 못한다

마케팅 전략을 나타내는 마케팅 방식은 수천 가지나 될 정도로 엄청나게 많다. 마케팅은 이론으로 아무리 무장하더라도 시장에서 성과를 올리는 것은 체계적인 전략이 있어야만 가능하다. 그래서 전략에 대한 학습과 경험이 무엇보다 필요하다.

마케팅은 실행하는 전략을 짜는 기술이다. 그만큼 전략을 활용하는 방법을 배우지 못하면 마케팅은 아무리 지식이 많아도 활용할 수가 없다.

시장에 진입하는 방법 중에서 이미 포화되어 있는 시장에 진입하고자 할 때는 정면 승부를 펼치면 안 된다. 표적시장을 정해서 세그멘테이션 할 수 있는 시장을 보고 채널의 빈틈을 보고 승부를 펼쳐야만 빛을 보게 된다.

이미 시장을 선점하고 있는 대형 업체들이 있기 때문에 초기 진입하려는 기업은 절대로 기술력으로 승부하면 답이 나오지 않는다.

대부분 신규로 진입하는 회사들은 탁월한 기술력을 바탕으로 시장에 진입을 시도하려고 한다. 하지만 기술력은 초기 시장이 생성 될 때에 진입하는 것이지 이미 포화되어 있거나 대형 업체들이 자리를 차지하고 있는 공간에서는 기술적으로 승부하려고 하면 쉽게 적응되지 못한다.

이미 시장은 대형 업체들이 포진되어 있으면 쉽게 시장에서 성장하기는 어렵다고 보는 편이 맞을 것이다. 시장이 성숙되어 있는 곳에서는 절대로 쉽게 시장에 들어가는 것이 아니다.

대부분은 기술에 의존하는 것은 마케팅적 사고를 방해한다. 마케팅은 시장을 개발하고 시장에서 어떻게 하면 기존 업체들과 차별성을 가지며 진입할 것인가를 고민해야 한다. 단순하게 기술이 개발되어 있으니 경쟁사 대비 더 효과적으로 시장에 진입할 것이라는 착각은 버려야 한다. 누구나 다 기술은 개발할 수가 있다.

시장에서는 기술력보다는 빠르게 시장을 개발해 나가는 실행력이 더 필요하다. 아무리 기술과 가격 경쟁력을 갖추고 있더라도 기존 시장에서 차지하고 있는 업체들의 경쟁력이 존재하기 때문이다.

그래서 쉽게 누구도 그 자리를 차지하지 못한다. 무엇이든지 밖에서 볼 때는 쉬워 보여도 안에서 직접적으로 해보면 어려운 것처럼 시장을 뚫는 것은 그만큼의 노력과 시간이 필요한 것이다.

단순하게 기술을 개발해서 업체들이 자신들에게 올 것이라는 착각을 하면 절대로 승부가 나지 않는다.

마케팅에서는 **다양성**의 **네트워크**가 있어야 한다

우리는 가깝고 자신과 잘 통하는 사람 간의 관계가 좋다고 이야기한다. 그래서 가급적이면 자신에 대해서 잘 이해하는 사람과 친밀도를 높이려고 한다. 인적 네트워크를 살펴보면 대다수가 자신이 좋아하는 사람들 또는 자신과 함께 일해 온 사람들에 대해서 친밀한 관계를 맺으려고 한다.

그런데 이렇게 자신과 함께 해온 사람들이나 자신을 잘 아는 친밀한 사람들은 새로운 기회를 보지 못하는 한계가 있다. 새로운 정보와 기회는 자신과 관계성이 낮은 사람들로부터 얻어지는 경험이 더많다. 사업을 하는 대다수의 사람들은 새로운 정보와 자신이 보지못한 것들에 대해서 끊임없이 들어야 한다.

자신과 가까운 사람들은 비판적인 생각이 들어가기가 어렵다. 그래서 사물을 객관적으로 바라보지 못한다. 새로운 사람이나 자신과 관계성이 낮은 사람들이 결과적으로 바르게 사물을 볼 수 있는 기회를제공한다. 네트워크의 힘은 관계가 얼마나 깊이 있는지가 아니라 얼마나 많은 사람들과 다양한 관계를 맺어 오는지가 중요하다.

비슷한 성향의 사람들이 많을수록 자신은 한계에 빠져 있다는 것을 잊지 말아야 한다. 마케팅의 영역은 다양하고 새로운 사람들 간의 관계를 증대시키는 노력이 필요하다.

나이와 종교, 학교, 지역, 직업 등 새로운 사람들로부터 의견을 수렴할 수 있는 기회를 넓혀야 한다. 그래야만 새로운 기회가 수용되고 자신이 모르던 마케팅의 관점이 확대된다. 성공하는 대다수 사람들은 한 곳에 오랫동안 머물지 않는다. 그 이유는 자신의 정체성이 뻔히 보이기 때문이다. 성공하려면 다양한 사람들을 만나야 되고 지금 하는 일에 너무 깊게 빠져 있으면 안 된다는 것이다.

새로움은 그만큼 다양한 사람들을 만나보면서 창조되는 결과물이기 때문이다. 마케팅은 새로운 것들을 연결하는 통로 역할을 한다. 세상에는 수많은 기회들이 있고 그 기회들을 연결하면 더 큰 기회로 발전시킬 수 있는 것들이 있다. 마케팅에서는 그런 기회들을 발굴해서 기존의 기회들과 어떻게 연결을 시켜서 성공할 수 있느냐의 문제로 발전된다.

당신이 마케팅 네트워크를 확보하기 위해서는 다양하고 분주하게 많은 사람들을 만나야 한다. 그렇지 않고서는 마케팅의 영역을 확장할 수가 없다. 아무리 노력해도 자기 스스로 되지 않는 분야가 마케팅 분야이다. 마케팅에서는 만나는 사람을 제한해서는 안 된다. 여러 사람들과 수다를 떨면서 나와 다르다는 것을 인정하면서 수용할 수 있는 삶의 여유도 필요한 것이다.

차별화 되어 있지 못하면
마케팅을 시도하지 말라

　시장에 제품이 나오면 고객들에게까지 전달되는 유통비용이 만만치 않다. 제품이 고객들에게 어느 정도 알려지기까지는 시간이 소요된다. 그런데 그 시간을 참지 못한다. 적자가 지속되고 효과가 미비하다는 판단에 의해서 오랫동안 판매를 할 수가 없기 때문이다.

　제품이 고객에게까지 가서 알려지려면 수년이 걸릴 수도 있다. 그럼에도 그런 시기 조정을 하지 못하고 가능하면 빨리 알려질 수 있는 방법을 찾지만 보통은 인내심이 허용하지 않는다.

　제품에 대해서 고객들이 인지하는 시간은 빠르다고 생각하지만 서서히 인지되는 제품들이 오히려 많다. 제품을 사용하다가 어느 정도 좋다는 반응이 있는데 제품이 철수된 경우가 비일비재한 이유는 그만큼 마케팅의 제품의 생산, 제조, 유통의 관리비용을 감당하지 못한 이유이기 때문이다.

　어느 제품이건 간에 제품수명주기PLC:Product Life Cycle 이 존재한다. 세상의 모든 제품은 도입기, 성장기, 성숙기, 쇠퇴기를 거치게 되어 있다. 보통 도입기에서 성장기까지 빨리 도달되면 성숙기가 빨라질 가능성이 크다. 왜냐하면 제품을 사용하는 고객들이 사용주기가 짧다는 가능성이 있기 때문이다. 보통은 도입기에서 성장기까지가 빠르면 재구매율 보다는 초기 시장의 확산이 빠른 경우가 많다. 만약에 재구매율이 낮게 되면 그만큼 다시 사용하지 않을 경우 제품은 성숙기에서 쇠퇴기로 빨리 내려갈 수 있는 가능성이 크기 때문이다. 반면에 도입기에서 성장기로 어느 정도 시간이 소요된다면 꾸준하게 고객들의 재구매율이 높아지고 있다는 의미로 해석된다. 그래서 성숙기에서 쇠퇴기도 늦게 나타난다. 보통은 고객들의 구매패턴이 빠르지 않은 제품들이 많으며 유행에 비교적 민감하지 않은 제품들이 많다.

우리는 보통 도입기에 제품의 판매 동향을 파악한다. 제품을 알리는데 마케팅력을 동원하기 때문에 비용이 지속적으로 들어간다. 가장 마케팅에서 어려운 시기가 바로 도입기에서 더 지속적으로 비용을 증대시킬 것인지를 판단하는 것이다.

중간유통 비용이 너무 많이 소요되기 때문에 일반적으로 마케팅보다는 푸쉬 전략이 활용되기도 한다. 대기업들의 경우에는 진열 매대를 우선 많이 확보하고 있기 때문에 고객들에게 가능하면 많이 노출시키기 위해서 최대한 푸쉬 하는 측면이다.

마케팅은 배움보다 체험해야 한다

마케팅을 배우고 싶어 하는 사람들이 우리 주위에는 많다. 그런데 마케팅을 체계적으로 학습시키고 알려주는 곳은 별로 없다. 누군가가 마케팅을 알려준다는 것은 결코 쉬운 것은 아니다. 마케팅은 쉽게 보이지만 가장 어려운 학문 중에 하나다. 왜 그럴까?

그것은 마케팅은 결과로 반영되어 있기 때문이다. 성과가 먼저 반영되어 나타나기 때문에 마케팅은 어렵지 않다고 느끼지만 가장 어려운 분야이다.

감각과 미래를 예측하는 상황 판단력이 그만큼 이론과 실무적인 측면에서 병행이 되어야만 마케팅을 잘 할 수 있다. 그렇다면 마케팅을 잘 하기 위해서는 어떻게 해야 할까?

우선은 마케팅을 좀 이해하려면 여러 권의 책을 읽어야 한다. 적어도 30권 이상의 책을 읽어야만 마케팅에 대한 논리와 이론을 이해할 수가 있다.

그리고 마케팅은 기본적으로 호기심이 있어야 한다. 다른 분야에

비해서 관심의 대상이 더욱 깊게 자리 잡아야만 현상을 깊숙하게 이해할 수가 있다. 스스로가 파고들지 못하면 배움만 가지고는 한계가 있기 때문이다. 응용력이 가장 높이 발휘되어야 하는 부분이 마케팅인 것이다.

마케팅을 배우고 싶어 하는 사람들은 체계적으로 마케팅을 배울 수 있는 기회가 부족하다. 마케팅을 전문적으로 알려주는 사람들이 주위에서 없기 때문이다. 발로 뛰어야만 학습의 효과가 되는 것이 바로 마케팅이다. 그래서 마케팅을 구태여 배울 필요는 없다. 다만 마케팅의 지식을 얻고 싶다면 무조건 현장에서 뛰어다녀야 한다. 배움보다 더 강한 것이 현장에서 얻어지는 기술이다.

마케팅은 시중에 나와 있는 책으로 배웠다고 해서 얻어지는 학문이 아니다. 본인이 발로 직접 뛰어다니면서 느끼고 체험을 해야만 얻어지는 학문이다. 마케팅을 배우는 것은 쉽지만 이해하려면 평생토록 노력해야 된다는 말이 있다.

그만큼 마케팅은 배우는 것보다 실행이 더 중요한 학문이다. 그 실행과정에서 체험한 것들 마케팅을 이해하는 지름길이다. 아무리 사례를 들어서 마케팅을 설명한다고 해도 실제로 경험하지 못하면 이해하기는 어렵다.

마케팅의 현장에서 실제로 얻어지는 결과가 바로 마케팅의 능력인 것이다.

마케팅은 유일성이 있어야 한다

마케팅에서는 제품을 먼저 생각한다. 제품을 판매하기 위한 다양한 노력들을 우리는 마케팅 활동으로 이야기한다. 제품을 판매하는 측면은 곧 내가 어떤 제품을 만들기까지의 과정이 있었다는 의미다.

그 제품을 만들기까지는 구매비용이 발생한다. 구매한 비용에서 수익을 확보하기 위해서 다른 사람에게 더 높은 가격에 판매하는 것이다. 즉, 모든 경영활동은 구매한 것을 부가해서 더 높은 가치로 판매하는 기본적인 원리로 운영된다.

마케팅은 어떤 구매 활동을 했느냐에 따라서 마케팅의 전략이 달리 사용된다. 기본적으로는 제품에 중점을 두어야 할지, 다른 부가적인 것에 중점을 두어야 할지를 생각해야 한다.

기존에 나와 있는 제품을 그대로 판매를 한다면 제품에서의 차별성이 떨어지게 때문에 제품 이외의 차별성을 부각해야 한다. 왜냐하면 자신 말고도 수많은 제품을 누군가가 판매를 하고 있기 때문이다. 이럴 때는 마케팅 전략이 가격, 프로모션, 배달 등의 차별적 서비스가 결합되지 못하면 제품에서의 마케팅력에서 한계가 보인다. 그래서 아무리 도전했는데도 안 된다면서 마케팅은 실패했다고 단정하기도 한다.

새로운 신제품이거나 기존 제품과 차별화된 것이라면 마케팅력이 발휘된다. 왜냐하면 지금 팔고 있는 것은 제품의 종류는 같겠지만 유일한 상품이기 때문이다.

즉, 자신 이외의 유일한 상품을 판매한다면 마케팅력은 발휘되기가 수월해진다. 가령, 신선한 야채를 내가 판매를 한다고 해보자. 야채는 어느 곳을 가더라도 다 같이 판매를 하는 상품이다. 하지만 내가 유일하게 파는 야채는 우리 가게 밖에 없다는 것이다. 유일성이 바로 마케팅에서는 생명과도 같다.

하지만 똑같은 과자 상품을 판매한다고 가정해 보자. 어느 슈퍼마켓을 가더라도 똑같은 과자 상품이 있다고 한다면 유일성이 없다. 다른 무엇인가 부가적인 차별성이 있어야만 마케팅력이 발휘된다.

늘 물건을 파는 사람들은 마케팅을 잘하려면 어떻게 해야 할까를 고민하게 된다.

사람이 하는 모든 행위에는
마케팅이 존재한다

사람 간의 관계에서 빠질 수 없는 부분은 존재감이다. 사람이 있다는 생각을 하는 순간 자신은 남을 의식하게 된다. 그리고 사람 간의 관계에서는 빠질 수 없는 부분이 인정을 받고 싶은 욕구다. 좋아하는 사람 간에서도 서로에게 잘 보이려고 노력한다. 상사와 부하 관계에서도 서로를 생각하는 모습들이 존재한다. 부모와 자식 간에도 서로를 생각하는 마음이 표현되지 않더라도 존재한다. 이렇듯 사람에게는 누구나 상대방을 생각하고 표현하려는 마음이 있다.

이것이 바로 마케팅이다. 물건을 판매할 때만 마케팅이 존재하는 것이 아니다. 인간의 모든 행동에는 마케팅이라는 요소가 곳곳에 들어 있다. 타인에게 말을 한마디 하더라도 고민해서 전달하는 것들이나 미소를 보이려고 노력하는 태도 등도 마케팅의 한 요소이다.

마케팅은 인간의 행동 곳곳에 스며들어 있다. 표현하는 방법이 다를 뿐이지 마케팅은 어려서부터 우리 일상생활에 그대로 녹여 있다는 것이다. 마케팅은 개인의 성격, 태도, 취미, 습관 등도 포함되어 있다는 것을 알아야 한다. 외향적인 성격을 가진 사람들은 자신을 잘 드러내고 싶어하고 나서고 싶어한다. 그런 부분에서 마케팅력이 발휘되기도 한다. 또한 내성적인 사람들도 마케팅력이 존재한다. 사람들에게 보이지 않고 싶어 하더라도 그것 조차도 마케팅의 한 모습이기 때문이다.

삶의 모습 속에서 그대로 마케팅이 표현되어 있다는 것이다. 그것은 구매적 관점에서의 마케팅만 우리는 일반화 되어 살펴왔기 때문인데 그것은 잘못된 관점이라고 할 수 있겠다.

마케팅은 교육에서도 적용될 수가 있다. 교육적 효과를 잘 발휘하는 선생님들은 분명히 마케팅적 요소가 들어있기 때문이다. 일을 잘하는 사람들에게도 뛰어난 일처리를 마케팅으로 활용하는 측면도 있다.

마케팅은 사람들이 활동하는 모든 모습 속에서 다양하게 찾아볼 수가 있다. 즉, 남을 설득하거나 표현하는 방식에서 마케팅은 놀라운 힘을 발휘시킬 수가 있다. 그래서 마케팅은 심리학이나 교육학 등의 학문과도 잘 어울릴 수가 있다.

혼자서 공부하는
마케팅
MBA
바이블

Part 8

느낌으로
승부하는 마케팅
전략을 활용해라

고객에게 보상을 하는 리워드Reward 마케팅

Reward 마케팅이란 보상 마케팅을 의미한다. 리워드 마케팅이 최초에 도입된 것은 주로 카드업체들이었다. 카드사들은 고객들을 유치하기 위해서 쓰는 만큼 포인트로 보상을 해주는 제도를 도입했다.

보상을 해주는 만큼 충성도 있는 고객들을 더욱 많이 유치할 수 있었기 때문이었다. 특히 신용 카드라는 특성 자체는 더 많은 사람들이 사용하면 할수록 수익이 발생되기 때문에 고객들을 보다 쉽게 유인할 수 있는 전략이 필요했다.

최근에는 리워드 마케팅이 다양한 제품 영역으로까지 넓혀 나가고 있다. 리워드 마케팅은 기업이 벌어들이는 수익의 일정액을 고객에게 돌려주면서 재구매율을 높이는 마케팅 전략이다. 포인트 결제 방법 등이 리워드 마케팅을 더욱 강화시켜주고 있으며 최근에는 스마트 앱을 통해서 다양한 광고를 보면 현금을 제공해 주는 방법으로 비즈니스 모델이 바뀌고 있다. 스마트폰의 앱을 통해서 기업이나 단체들은 고객에게 광고를 통해서 보상하는 프로그램을 말한다.

리워드 마케팅을 비즈니스 모델로 활용하는 애드라떼는 최근에 무서운 속도로 성장하고 있는데 바로 보상마케팅이 뜨고 있기 때문이다. 애드라떼에서 고객들은 기업들이 제공하는 광고를 보기만 하면 공짜로 커피를 먹을 수 있다. 광고를 보면 공짜로 현금을 지급하는 리워드 마케팅은 고객들에게 제품이나 상품에 대해서 광고효과를 높이기 위한 전략이 숨겨져 있다.

스타벅스는 일정액을 충전하면 스타벅스 제품을 구입할 수 있고 만원 이상 구매를 하게 될 경우 카드를 제공받고 충전하여 사용할 수 있다. 스타벅스는 충성고객을 만들기 위해서 특별한 구매 카드를 제공해 주는 리워드 마케팅을 도입하고 있다.

광고효과보다는 충성고객을 유치해서 커피를 자주 이용할수록 혜택을 주는 마케팅을 선보이고 있다.

캐시슬라이드 리워드앱의 경우에는 잠금 화면을 통해서 광고를 보고 잠금을 해제 할 때마다 현금을 주는 프로그램을 운영한다.

리워드앱 시장에서 잠금화면의 광고 시장은 또 다른 시장을 형성하고 있다. 국내 수천 만명이 사용하는 휴대폰의 잠금화면을 활용한 마케팅 전략을 차지하기 위해서 현재 기업들은 전쟁이 벌어지고 있다. 고객들이 소유하고 있는 휴대폰의 잠금 화면 시장은 광고에서는 황금시장이나 마찬가지다. 고객들이 가장 많이 볼 수 있는 공간이기 때문이다. 고객들에게 적지 않게 보상을 해주더라도 충분히 매력적인 시장이 바로 휴대폰의 잠금화면 시장이다.

드라마의 제품들은
PPL_{product placement} 마케팅

PPL 마케팅은 각종 영상이나 콘텐츠에 자사의 제품, 로고 등을 삽입시켜서 고객들이 실제로 사용을 연상시키도록 만다는 마케팅 전략 방법이다.

제품이 영상물에 노출되기 때문에 자연스럽게 구매로 이어지도록 하고 구매의 광고효과가 증대되기 때문에 PPLproduct placement advertisement이라고 부른다. 최근 건설사에서 PPL 마케팅을 자주 사용하고 있으며, 건설시장에서 분양이 잘되도록 홍보하는 효과를 높이고 있다.

드라마를 활용한 카페베네의 경우도 PPL을 잘 활용하였다. '지붕 뚫고 하이킥'이라는 드라마를 통해서 카페베네는 PPL 전략을 활용하여 성공적인 커피 프랜차이즈로 고객들의 시선을 잡았다. SBS의 커피하우스에서도 카페베네는 PPL을 활용하여 마케팅을 하였다.

아웃도어 전문점 네파도 '1박 2일', '패밀리가 떴다', '청춘불패' 등에서 브랜드를 알렸고 PPL 마케팅으로 성공을 거두었다. 버라이어티 프로그램에서 연예인들은 협찬 받은 옷을 입고 등장하는데 이는 모든 것들이 마케팅 전략에 의해서 나타나는 것이다. 제품을 자연스럽게 홍보함으로써 등산하는 고객들을 사로잡았다.

특히 최근에는 다양한 제품 영역으로 드라마 속에서 PPL 마케팅 전략을 활용하고 있다. 아웃도어 제품이라든지, 커피숍 등은 이제 드라마속의 PPL로써 상당한 가치를 인정받았기 때문에 앞으로 지속적인 PPL 마케팅이 확대될 것으로 기대된다.

다만, PPL을 드라마 속에서 마케팅으로 활용할 때는 너무 많은 상표가 들어가면 곤란해질 수도 있다. 드라마 속에서 제품 홍보가 지나치게 많이 되는 것도 거부감으로 올 수 있기 적절한 제품 홍보가 마련되어야 할 것이다. 너무 많은 상표가 혼재되어 드라마에 나오게 되면 드라마의 본질성 보다는 광고에 너무 비중이 보여서 시청자들의 광고의 집중성이 떨어지기 때문이다.

제품의 PPL을 통해서 고객들에게 최대한 친숙하게 다가서기 위해서는 드라마의 몰입 속에서 자연스럽게 들어가도록 만드는 전략이 무엇보다 중요하다.

PPL뿐만 아니라 BPLBrand Placement 브랜드광고도 중요한 마케팅 방법이 될 수 있다. 제품의 브랜드를 드라마 속에서 호칭으로 부른다든지 하는 것을 BPL로 표현된다. 간접적으로 브랜드를 드라마에서 노출시킴으로써 고객들로 하여금 제품보다는 전체적인 브랜드 효과를 증대시킴으로써 친숙도를 높일 수 있는 효과가 있다.

소비자가 제품을 직접
만드는 프로슈머 마케팅

생산자와 소비자의 합성어로 상품개발의 주체에 대한 개념을 나타내는 말이다. 소비자가 아이디어를 내고 참여를 이끌어 내는 마케팅이 프로슈머 마케팅이다.

고객들이 직접 신제품 개발 아이디어에 참여해서 DIY_{Do it Yourself} 제품을 출시하는 것을 의미한다.

모니터 요원을 모집해서 마케팅활동을 하는 것을 대표적으로 들 수 있겠다. 프로슈머 마케팅은 주로 식품업체에서 고객들의 반응을 선보이고 아이디어를 모집하는 활동을 한다.

프로슈머를 통해서 성공한 사례는 LG전자의 초콜릿폰을 들 수 있겠다. LG전자의 휴대폰 이미지를 바꾸었으며 초콜릿폰은 출시 3개월 만에 30만대가 넘는 판매를 기록하여 불황시장에 크게 기여를 했다.

싸이언 프로슈머 구성원들을 통해서 고객들의 의견을 수렴하여 만든 것이 크게 제품 성공에 기여했다고 평가한다.

아파트에도 프로슈머 마케팅이 도입된 사례도 있다. 피데스 개발의

파렌하이트 아파트는 주부들이 직접 설계부터 시공까지 참여하여 아파트의 새로운 시각으로 만들어낸 사례이다. 주부들이 설계부터 참여하여 기존에 생각하지 못했던 아이디어들이 모아지게 된 사례이다. 주부들의 의사결정으로 바꾼 것이 50여 가지나 된다는 것은 극히 평범하지만 새로운 도전을 열어준 것으로 평가되고 있다.

성공한 브랜드에 따라
붙이는 플래그쉽 마케팅

플래그쉽 마케팅은 시장에서 성과를 올린 제품이나 브랜드에 추가적으로 다른 제품을 연계하여 마케팅 하는 방법이다. 최근에 주택시장에서 모델하우스로 돌풍을 가지고 있는 대다수 업체들은 모델하우스에 자사 상품들과 연계한 제품을 선보이고 있다.

10개의 제품을 모두 마케팅 할 필요가 없이 그중에서 한 개만 마케팅 전략을 잘 짜면 나머지도 같은 브랜드 효과를 볼 수 있는 점이 유용하다.

성공한 브랜드와 제품의 이미지를 그대로 새롭게 적용이 가능하기 때문에 유용하게 활용되는 마케팅 전략이다.

플래그쉽 마케팅은 고급 외제 자동차나 가전, 기타 고부가가치 사업에서 범위가 확대되고 있지만 요즘은 엔터테인먼트 시장까지도 확대되고 있는 추세이다. 6인조 여성그룹 에프터스쿨의 유이는 그중에서 유명한 연예인이다. 가수활동 뿐만 아니라 CF, 영화 등까지 진출해서 에프터스쿨을 알리고 있다.

티아라의 지연, 티맥스 김준 등 한 명의 연예인을 내세워서 팀을 알리는 플래그쉽 마케팅이 연예계에서도 돌풍을 일으키고 있다.

일본에서 선풍적인 인기를 얻었던 겨울연가도 마찬가지로 배용준의 효과로 인해서 덩달아서 다른 조연까지도 브랜드 창출 효과를 맛봤다. 이처럼 플래그쉽 마케팅은 잘 알려진 제품에 후발 제품들을 노출시킴으로써 성과를 배가시킬 수 있는 마케팅이다.

고객 곁에서 늘 정보를
주는 위젯 마케팅

온라인 마케팅이 성행하면서 블로그에 국한된 마케팅이 인기를 얻었다면 이제는 위젯 마케팅으로 승부하는 시대가 왔다. 키워드나 배너의 틀에서 벗어난 위젯 마케팅으로 승부하는 기업들이 증가되고 있다.

마케팅은 제품이 출시되기 이전의 활동에 국한하면 안 된다. 제품이 출시되고 몇 년이 지나서도 어떻게 하면 매출을 성장시킬 수 있는지를 고민해야 한다.

그것이 진정한 마케팅의 힘이기 때문이다. 마케팅활동은 고객과의 가치점을 가장 가까이 접근시켜주면서 고객이 원하는 제품을 맞아떨어지도록 만들어 주는 노력의 모든 것들이다. 마케팅 전략은 시장과 경쟁사, 고객을 분석하고 시장을 나누는 것이다.

시장을 세분화한 후 목표시장을 분석하고 자사의 상품과 브랜드의 판매를 올리기 위한 프로모션을 진행한다. 이것을 STP라는 것으로 우리는 이미 잘 알고 있다. 하지만 이 모든 것들은 시장에 진입하기 이전의 전략을 생각하게 만든다.

시장에서는 고객들의 반응에 따라서 움직이는데 매출이 감소되면 고객을 분석하기 시작한다. 왜 우리의 고객은 이탈하고 있는 것일까? 그런 원인을 찾으면서 광고와 홍보에 열을 올리게 된다.

그래서 요즘은 위젯 마케팅도 나름대로 차별화를 시켜서 좋은 대안으로 떠오르고 있다.

인터넷이 점차 개인화 되고 있고, 다양한 정보 프로그램에 의해서 고객들은 차별적인 서비스를 각각 받게 된다. 그래서 위젯은 다양한 정보들을 제공받으면서 광고효과를 올릴 수 있는 대안이 되고 있다. 과거에는 모여서 함께 정보를 받았다면 이제는 쪼개서 내 방안에서 나만의 공간에서 정보를 받기 원한다.

그것이 바로 위젯을 이용한 홍보와 마케팅 전략이다. 스마트폰의 어플에 들어가는 무료서비스에서 위젯은 강력한 힘을 발휘하곤 한다. 광고라는 인식이 찌푸리기보다는 재미와 즐거움이라는 위젯이 고객들에게 어플을 무료로 제공하기 때문에 노출의 빈도가 높아지고 있다.

최근에는 광고인 줄 모르고 쉽게 따라 하는 위젯부터, 끝말잇기를 해서 고객들과 소통하는 위젯, 새로운 정보를 늘 실시간으로 제공하는 위젯까지 다양하게 위젯은 진화되고 있다.

고객에게 **진심**으로
다가가는 **리얼 마케팅**

요즘 뜨는 키워드는 진심이다. 진심이 담겨 있는 것은 그만큼 고객은 감동하게 된다. 각종 프로모션과 콘텐츠들로 인해서 고객들은 어리둥절하기도 하고 진짜로 믿기보다는 사기성이 아닌가 하는 의구심이 들기도 한다.

그래서 고객은 리얼 마케팅을 통해서 진정으로 고객들에게 다가서는 마케팅에 대해서 놀라움을 표현한다.

광고모델을 통해서 제품을 홍보하게 되는데 보통은 광고 모델의 경우에는 모델 활동만 하고 끝나는 경우가 많다. 그래서 실제로 광고에서 모델이 제품을 사용하더라도 실제로 사용하고 있는지에 대해서는 의문을 제기한다.

고객에게 진심으로 다가서기 위한 마케팅의 한 방법으로 실제 모델이 고객과 행사를 함께 진행하거나 직접적인 인터뷰를 하는 등 제품과 모델의 일치화를 통해서 리얼 마케팅을 시도하는 사례가 증가되고 있다.

GS샵은 최근 광모모델 이선균씨가 직접 고객들의 집을 방문해서 의견을 청취하는 행사를 진행했다. 고객입장에서는 이선균씨가 직접 방문하는 것을 보고 놀라움을 금치 못했다.

광고모델이 직접 고객의 의견을 수렴한 행사는 고객들과 친밀도를 높이는 효과를 보였다고 한다.

고객에게 한 발 더 나가는 전략을 통해서 고객들로 하여금 감동을 이끄는 마케팅을 리얼 마케팅이라고 한다. 직접 인터뷰를 통해서 고객은 단순한 광고모델이 아닌 직접 제품을 홍보하고 마케팅 하는 모델이라는 신뢰관계를 갖게 함으로써 제품 구매 고객들을 더욱 증대시키는 방법을 사용하는 것이다.

과거와는 고객도 많이 달라져서 감동과 진실이 통해야만 구매가 증대된다. 제품이 아무리 좋더라도 고객에게 신뢰를 주지 못하면 아무리 좋은 마케팅을 펼친다고 해도 손을 들어주지 않는다.

고객에게 가까이하기 위한 다양한 마케팅 전략 중에서 고객에게 직접으로 통하는 마케팅을 하는 노력이 증대되고 있다.

제품의 가치를 돋보이게 하는 명화 마케팅

　최근 기업들은 마케팅의 수단으로 제품에 명화를 입히는 노력을 기울이고 있다. 명화를 제품 속에 넣음으로써 돋보이고 제품의 예술적 가치를 극대화 하다는 의도가 숨겨져 있다. 현대카드는 세계적인 예술가들을 카드에 삽입시켜서 가치를 높였다는 평가를 받았다.

　야수파의 거장인 마트스의 째즈, 라파엘로의 두 천사들, 클레의 원경, 화가 발미에의 기하학의 구조, 러시아 작가 칸딘스키의 콤포지션 넘버 8 등의 명화들을 카드에 배경그림으로 넣은 것이다.

　명화를 카드에 넣음으로써 고급스럽고 가치를 부여한 사람들만 사용한다는 인식이 숨겨져 있다.

　패션제품에는 고급 브랜드 아이콘은 세계적인 화가의 작품을 제품 속에 넣기로 유명하다. 신발, 가방 등의 제품에 세계적인 화가의 작품을 넣어서 제품이 마치 고급스러운 것을 연상시키는 효과를 발휘했다.

　화장품으로 유명한 더페이스샵의 경우에도 아르생트를 출시하면서 제품의 용기에 명화를 넣었다. 반고흐의 명화를 넣음으로써 제품이 고객들로부터 가치 있는 고흐의 제품처럼 여겨지는 효과를 발휘하게 만들었다는 평가를 가진다.

백화점의 쇼윈도우 광고물도 명화를 선보임으로써 고객들에게 한 층 더 고급스러움을 보이게 만든다. 롯데백화점은 최근에 에비뉴엘의 일본 최고 화가 세이지 후지시가 그런 명화를 홍보에 적극 활용하고 있다.

그의 작품은 백화점의 쇼핑백, 초청장, 안내장, 광고 이미지 등에 다양하게 쓰이고 있으며 품격이 높은 제품을 판매한다는 이미지를 고객들에게 보이고 있다.

불황에는
99 마케팅으로 승부한다

불황이 깊어지면서 소비의 트렌드도 저가를 선호하는 형태로 변하게 되었다. 특히 9,900원, 1,990원의 99마케팅은 가장 선호하는 고객들의 마케팅으로 자리잡게 되었다.

의류업계의 99마케팅은 요즘 대세라고 볼 수 있다. 가격은 낮추고 품질력은 고가에 비해서 뒤지지 않는 제품을 선호하는 트렌드는 당분간 지속될 것이다.

의류업계의 경우에는 특히 업체들의 재고부담으로 이어져서 현금을 유통시키기 위해서 초저가 세일행사를 많이 시행하고 있다.

최근 마케팅 트렌드에서 자주 등장하는 것이 99마케팅 전략이다. 99마케팅이 가장 잘 활용되는 것이 의류라고 볼 수 있다. 불황이 지속되면 의류구매부터 가정마다 줄이게 된다.

의류는 보통 새로운 패션을 보고서 구매 욕구가 불어나기 때문에 마케팅에서 고객들의 소비심리를 자극하지 못하면 매출이 늘어나기 어려운 상품이다.

99마케팅은 소비자들에게 관심을 끌기에는 충분한 마케팅 전략이다. 대형마트에서 99마케팅은 가장 큰 힘을 발휘한다. 99마케팅이 발휘되려면 회전이 빠른 제품들이 포함되어야 한다. 제품 회전이 빨라서 판매가 많이 발생되는 제품에서 99마케팅은 힘을 발휘한다. 제품당 가격이 높은 경우에는 99마케팅은 실현되기가 어렵다.

자동차나 전자제품이나 비교적 금액이 큰 경우에는 이런 99마케팅은 잘 통하지가 않는다. 하지만 단순하면서도 가격 비교가 비교적 쉬운 제품들이 99마케팅에서는 효과가 높다.

가격의 거품을 제거하는
착한가격 마케팅

　최근 몇 년간 가격 거품을 제거하는 착한 마케팅이 인기를 얻고 있다. 고급화의 상징인 제품들이 유통비용을 과감하게 줄여서 중저가 브랜드로 재탄생하거나 제품의 용기나 홍보비의 원가를 줄여서 고객들에게 혜택을 주는 마케팅이 활발하게 진행되고 있다.

　최근에는 국내 자동차 시장에서 착한 바람이 불고 있다. 한·유럽연합EU 자유무역협정FTA으로 인하여 관세효과가 적용되면서 독일차, 유럽차 등이 몇 백만 원씩 하락되고 있는 분위기이다. 이에 따라서 국내차들의 경우에도 신차임에도 불구하고 가격이 하락되는 모습을 보이고 있다.

　앞으로 더욱 치열하게 펼쳐질 자동차 업계의 착한가격 분위기는 이어질 것으로 전망된다. 실제로 독일차에서 인기 있는 4종류의 차 가격이 일제히 하락되었다. 일본차들도 마찬가지로 가격하락을 지속하고 있다. 가격하락이 본격적으로 이어지고 있기 때문에 국내 자동차 시장에서도 착한가격은 지속적으로 마케팅에 활용 될 것이다.

과거에는 신차가 출시되면 가격이 올라서 출시가 되었지만 앞으로는 신차가 출시되더라도 경쟁적인 가격 하락 정책은 당분간 유지될 것으로 전망된다. 자동차 업계가 착한가격으로 마케팅에 돌입했다는 것은 그만큼 고객들이 선택하는 폭이 넓어졌음을 의미한다.

화장품 업계 등도 착한가격 열풍으로 중저가 브랜드들이 시장진입에 성공했다. 그간 화장품은 비싼 용기나 디자인으로 가격 거품이 지속되어 왔었는데 중저가 브랜드샵들이 인기를 모으면서 화장품은 그야말로 가격 홍수에 빠져들고 있다.

여심은 Day마케팅으로 승부하라

특정한 날을 표방으로 Day 마케팅이 선풍적인 인기를 얻고 있다. 기업들의 마케터들은 Day를 통해서 자사 제품이 판매될 수 있도록 Day를 마케팅에 활용하고 있다. 11월 11일 빼빼로 데이나 발렌타이데이나 화이트데이 등도 마케팅에서는 Day로 통한다. 그런데 특징적인 부분은 Day는 사랑하는 연인사이에서 발전적으로 만들어진 Day가 많다는 것이다.

일부 기업들의 경우에는 Day를 만들기 위해서 노력을 하고 있다. 특별한 날에 이벤트를 통해서 세일을 해 준다든지 특별한 기념일을 통해서 고객들을 끌어 모으기 위한 노력을 지속적으로 펼치고 있다.

Day가 고객들로부터 인정을 받고 새로운 기념일로 만들어지기만 하면 그보다 더 많은 수익이 창출되기 때문에 Day에 아낌없는 마케팅비를 쏟고 있다.

기업들이 Day에 집착하는 이유는 스토링텔링 기법이 숨겨져 있어서 제품의 브랜드 홍보뿐만 아니라 향후 추가 매출로 이어질 수 있기 때문이다. Day를 통해서 하루의 특별한 이벤트를 진행하고 그 뒤에 더 많은 것들을 판매할 수 있기 때문이다.

스포츠 마케팅은
살아 있는 감동마케팅이다

2004년 미국 메이저리그 월드시리즈 영상을 기억하는가? 영상 속에서 어린 형제는 부모와 함께 관중석에 앉는다. 자막에서는 레드삭스의 홈구장과 1919라는 영상이 보인다. 그 관중석의 꼬마도 자라나는 모습이 보인다. 그 후 숫자가 2000을 넘을 때쯤에 꼬마는 노년이 되어 있다. 숫자가 2004가 되어 있을 때 그 꼬마는 백발의 노인이 되어 꼬마와 손을 잡고 있다.

그 후 'Just Do It'. 나이키 광고가 나왔다. 이 장면은 보스턴 레드삭스를 응원한 팬들에게 가슴 뭉클한 상황을 경험하게 해주었다. 2004년은 86년 만에 보스턴 레드삭스가 '밤비노의 저주를 누르고 월드시리즈를 우승 한 해이다.

스포츠에서는 감동이 살아 있다. 물론 감동은 자주 나오지 않지만 한번 가슴속에서 전달된 감동은 영원히 잊히지 않는다. 바로 이런 감동적인 것이 나타나기 때문에 스포츠에서 마케팅은 빠질 수 없는 살아 있는 무기가 된다.

박세리가 골프 경기 중에 양말을 벗고 물속에 들어가는 모습을 기억할 것이다. 박찬호가 메이저리그에서 승리를 거둘 때마다 함께 응원했던 모습은 영원히 잊히지 않을 것이다. 그런 감동적인 모습속에서 제품의 마케팅력은 상상을 초월한다. 가치 있는 마케팅력을 발휘시키는 스포츠 마케팅은 결과적으로 많은 돈이 지불되기도 하지만 감동만큼은 고객들로 하여금 잊히지 않기 때문에 충분히 가치 있는 마케팅 방법이라고 할 수 있다.

하지만 올림픽이나 아시안게임 등은 4년에 한 번씩 열리는 대회다. 그렇다보니 단기간에 마케팅력을 발휘시키지만 장기적인 관점에서는 효과가 떨어진다.

스포츠마케팅에서 대규모의 돈을 투자해서 마케팅을 하는 것보다는 최근에는 과정을 중요시하는 마케팅이 떠오르고 있다. 얼마 전에 박지성 선수의 발, 발레리나 강수지의 발 등이 한참 인터넷을 뜨겁게 달궜다.

우승 뒤에는 남모르는 노력이 있다는 것을 전해주면서 감동적인 느낌으로 다가온 것이다. 그리고 우승을 거의 해보지 못한 만년 꼴지 대학야구부 등에게도 뜨거운 박수를 보냈다.

반드시 우승을 통해서만 감동을 주는 것이 아니라 잔잔한 과정에서 최선을 다하는 모습 속에서도 충분히 마케팅의 효과를 발휘할 수 있는 좋은 대안이라고 볼 수 있다.

한 번만 들어도 느낌 오는
네이밍 마케팅

여름이 본격적으로 시작되면 사람들은 시원한 것을 찾게 된다. 그런데 제품을 구매할 때 시원하다는 의미의 네이밍에 관심을 많이 가지게 된다. 옷, 신발, 청바지, 속옷 등까지 시원하다는 의미는 여름에 물건을 판매하는데 네이밍은 중요한 수단이 된다.

본격적인 무더위가 시작되면서 이름만 들어도 여름을 느낄 수 있는 브랜드들이 인기다.

여름이 연상되는 제품명부터 시원함을 느낄 수 있는 소재까지 다양하게 많은 부분이 떠오르게 된다. 신발부터 청바지, 가방, 심지어 속옷까지 더위를 이기려는 패션업계의 여름 마케팅이 치열하다.

브랜드에 다른 나라의 언어를 사용해서 신선함을 만든 것들도 많다. 이탈리아어로 여름을 뜻하는 '에스티보'를 브랜드로 만드는 부분, 스페인어로 바다를 뜻하는 '마르' 등을 활용하여 제품 브랜드로 만든 사례들도 있다.

또한 여름을 위한 시원한 소재를 브랜드로 활용한 것들도 있다. 쿨한 이미지를 연상시키도록 쿨을 브랜드 네임으로 만든 것도 있다. 미국 '듀폰Dupont'사의 '쿨맥스Coolmax'소재는 여름철에 다양하게 활용되는 소재라서 고객들이 인지하기가 쉬운 편이다.

네이밍 마케팅을 통해서 제품의 형태, 스타일, 신선함을 느낄 수 있도록 만드는 마케팅이 치열해 지고 있다. 제품의 이름만 들어도 고객들은 어떤 제품이라는 것을 알도록 하는 파급효과가 있다. 최근에는 아파트 브랜드 네임을 보면 왠지 끌리고 싶고 살고 싶은 욕구가 생기게 된다.

또한 자동차 브랜드 네임의 경우에도 제품의 특징을 반영하여 네이밍을 하고 있다. 고객들에게 최대한 기억되면서 제품의 특징을 반영시키는 네이밍 전략은 향후 마케팅에서도 가장 선풍적인 효과를 얻을 수 있을 것이다.

VIP만을 대상으로
하는 귀족마케팅

VIP를 위한 마케팅이 치열하게 전개되고 있다. 귀족마케팅이라고 불리는 VIP만을 위한 마케팅에 기업들이 열을 올리는 이유는 20%의 구매자가 전체 80%를 구매하는 이른바 파레토 현상 때문이다. 백화점이나 카드사의 경우에는 절대적으로 20%의 상위 구매자에 대한 매력적인 서비스를 제시해야 한다.

그들을 표적으로 하는 마케팅이 귀족마케팅이고, VIP마케팅으로 불린다. 귀족마케팅에 대해서 사회적으로 부정적으로 보는 시각이 많지만 상위 구매층들이 실제로 기업의 수익활동에 상당한 도움을 주고 있기 때문에 거부할 수 없는 시대적 흐름이다. 카드사는 최고의 수익을 올리는 고객들을 선별해서 이용한도가 몇 억에 달하는 카드를 특별히 발급해 주고 있다.

한정된 인원에게만 보내드리는 카드라는 내용으로 귀족들만을 위한 서비스를 제공한다는데 목적을 가지고 있다. 백화점에서도 차별적인 귀족 마케팅을 펼치고 있다. 백화점의 고객 만족실은 VIP룸을 별도로 마련해서 특별한 고객들에게 커피 등을 무료로 제공하기도 한다.

누구나 인간에게 특별한 서비스를 제공해 주면 자신의 가치가 올라간다는 판단을 하게 되어 구매의 품질도 올라가게 된다. 귀족마케팅은 불황일 때 오히려 마케팅 전략으로 기업들이 활용하고 있다. 서비스 타켓을 집중해서 최소의 고객으로 최대의 효과를 볼 수 있기 때문이다.

하지만 이런 귀족마케팅도 나름대로 전략이 필요하다. 자칫 잘못하면 귀족마케팅으로 인해서 좋지 않은 시각을 보이는 동시에 고객과의 소통에서 단절되어 버릴 경우가 발생될 수 있기 때문이다. 고객들을 창출하는 방식에서 다양한 마케팅의 기획력이 필요하다.

고객 간의 차별화로 발생될 수 있는 공백을 최소화 하도록 모든 고객들을 대상으로 서비스의 질을 높여주어야 한다. 특정 고객층에게만 제한된 서비스를 너무 하게 되면 기존 대우받지 못하는 고객들은 금방 등을 돌리게 되기 때믄이다.

귀족마케팅을 펼치더라도 기존 고객들과 어떻게 하면 소통을 하고 비고객층 까지 끌어들일 수 있는 대안을 개발해야 한다. 마케팅에서는 특정 고객층을 지나치게 겨냥하면 한순간에 외면받을 수도 있기 때문이다.

　마케팅은 기업에서 기름과도 같은 존재다. 불을 붙이면 활활 타오르는 아주 강력한 성질이기 있기 때문이다. 그래서 마케팅은 조심성이 있어야 된다. 마케팅은 한번 시작하면 중간에 포기하지 않는 성질이 있다.

　대부분 벼랑 끝에 선 기업들은 마케팅에서 마지막 승부를 보려고 한다. 물론 그것은 위험한 승부일 수도 있고 기회가 될 수도 있다. 절박한 마케팅은 그만큼 고위험성이 따르지만 때로는 엄청난 성장 효과를 발휘하기도 한다. 그래서 마케팅은 기업에게 있어서 동전의 양면과도 같다. 하지만 절박한 마케팅을 원하는 마케터는 많지가 않다.

　기업의 마케팅 담당자들은 확실하게 성공하는 마케팅을 하고 싶어 한다. 그래서 누구나 잘나가는 1위 제품의 마케팅을 원한다. 왜냐하면 실패할 확률이 그만큼 낮아지기 때문이다. 하지만 확실한 마케팅은 오랫동안 지속되지 못한다는 단점이 있다.

　기업에서 필요로 하는 마케터의 자질은 위기관리 능력이다. 어떤 마케팅 환경이 닥치더라도 자신을 뛰어넘는 한계를 돌파해야만 마케팅에서는 성과를 발휘할 수 있기 때문이다. 생각하지 못했던 위기로 고민과 번뇌가 수없이 교차하는 상황이 올 때 마케터는 실패했다고 생각한다. 그러나 실패한 순간에도 어떻게 위기를 관리하느냐에 따라서 다시 올라설 수가 있다. 그래서 기업에서는 좌절하지 말고 끝까지 자신의 목표점을 생각해야 한다.

시장은 이미 포화되어 있고 경쟁사는 하루가 다르게 변하고 있다. 마케팅에서는 시장을 크게 볼 수 있는 안목과 방향성에 대해서 인지해야 한다.

무엇보다도 마케팅을 잘하려면 많은 학습보다도 다양한 인간관계와 타인에 대한 폭넓은 의견을 수용하는 능력이 필요하다. 마케팅의 성과는 개인의 능력으로 절대 이뤄질 수 없다. 마케팅은 다양한 기능들이 어울려서 실행하는 종합 예술 작품이기 때문이다.

한 가지 중요한 사실을 알려주고 싶다. 마케팅을 배우고 싶다면 책을 통해서 지식을 습득하는 것보다 시장의 현상을 분석할 수 있는 방법을 터득하는 것이 더 현명하다.

아무리 좋은 내용의 책을 읽더라도 내가 본 것이 아니기 때문이다. 마케팅은 지식을 전달받는데 익숙해지면 안 되고 지식을 전달할 수 있는 창조적 과학자가 되어야 한다.

이 책을 통해서 마케팅의 의미를 되새겨 보고 마케팅의 가치를 다시 한 번 느껴보기 바란다.

혼자서 공부하는 **마케팅 MBA 바이블**

초판 1쇄	2014년 3월 25일

지은이	윤정근
발행인	김재홍
기획편집	박보라
마케팅	이연실

발행처	도서출판 지식공감
등록번호	제396-2012-000018호
주소	경기도 고양시 일산동구 견달산로225번길 112
전화	031-901-9300
팩스	031-902-0089
홈페이지	www.bookdaum.com

가격	13,000원
ISBN	979-11-5622-018-3 13320

CIP제어번호	CIP2014008044

이 도서의 국립중앙도서관 출판시 도서목록(CIP)은 e-CIP 홈페이지(http://www.nl.go.kr/ecip)에서 이용하실 수 있습니다.